小学校英語サポートBOOKS

Small Talkで英語表現が身につく！

小学生のためのすらすら英会話

瀧沢広人 著

明治図書

はじめに

　小学校に外国語が教科として新設され，小学校英語に関する著書も多く出版されるようになりました。と同時に小学校英語をテーマにした研究会，授業研究会も多くのところで開催されるようになりました。そんな中，「いったい小学校では，どこまでやればいいの？」の問いも少なからず聞かれます。

　小学校3・4年生では，外国語活動の時間を通して，「聞く・話す」活動を通し，基本的な英語表現に慣れ親しみます。小学校5・6年生では「聞くこと・話すこと」の定着を目標とし，3・4年生で学んだ基本表現を含め，繰り返し使用しながら，スパイラルな言語習得を目指します。英語の話せる子の育成を目指した児童同士の Small Talk の実現です。

　本書は，「いったい，どこまでやればいいの？」の問いに答えるべく，各単元において習得を目指す基本表現集「すらすら英会話」を，ワークシートの形で提示しています。このワークシートはあくまでも児童が学習した英語表現の確認のために使うものですが，教師の視点から考えると，児童に基本表現をどこまで教えればよいのかを示す1つの指針としても活用することができます。また，児童と教師の Small Talk 例や，児童同士の Small Talk のモデル対話例を示し，最終的な理想形も掲げています。

　次は，ある国立大学の附属小学校の6年生（平成30年6月）の対話記録です。小学校でもこのような対話の継続が可能となってきているのです。Small Talk のさらなる実践により，いずれ全国的にこのような発話が実際に可能となっていくことと信じています。

児童A	児童B
A：Let's talk about Hamamatsu.	B：OK.
A：What do you like about Hamamatsu?	B：I like flower park.
A：Oh. Flower park? Why?	B：Because very flower is good.
A：Oh. Beautiful.	B：What do you like about Hamamatsu?
A：I like Lake Hamana.	B：Why?
A：Because I like fishing and watching in Lake Hamana.	B：Oh. Me too.
A：Do you like flower park?	B：So so.

A : What flower do you like?	B : I like cosmos.
A : Oh.	B : What flower do you like?
A : Pansy?	B : What fruits do you like?
A : Fruits?	B : Fruits.
A : I like mango.	B : Mango.
A : O.K. What fruits do you like?	B : I like peach.
A : What Hamamatsu food do you like?	B : I like Hamamatsu gyoza.
A : Why?	B : Because Hamamatsu gyoza is very delicious.
A : Nice talking to you.	B : Nice talking to you.
A : Bye.	B : Bye.

　この２分間の対話記録は，児童は核となる定型表現や，対話を続けるための「反応する」「繰り返す」「感想を言う」「質問する」等のコミュニケーションスキルを用いながら対話の継続を図ろうとしています。これらのコミュニケーションスキルを意図的・計画的に指導することで，児童同士の Small Talk も可能となってくるものと思われます。

　本書の Chapter 3 以降の Small Talk やモデル対話は，会話の一例です。児童が単元で英語を学習していくと，そのような対話が可能になるのではないかというゴールイメージを提示しています。つまり，そこに向けて，それらの対話が可能となるように毎時の授業で英語表現に慣れ親しませ，児童のコミュニケーション能力を高めていきます。

　もちろん，もともと対話はゴールを指定するものではありません。児童のその時の思いや考えで，いろいろな方向に進みます。決まりきった型があるわけでなく，児童の豊かな発想で対話が継続されるべきです。むしろその方が授業者としても楽しみがあります。しかし，そのためには，まずは核となる定型表現を学び，それらを組み合わせ，さらにコミュニケーションスキル（「反応する」「繰り返す」「感想を言う」「質問する」等）を対話に位置付けることで，児童が「対話の仕方」を学んでいけるのではないかと考えるのです。

　本書は，明治図書出版の木山麻衣子編集長の声掛けで生まれました。中学校で実践した「すらすら英会話」を，小学校の実態に合わせ作成し，Small Talk 例も紹介しています。どうぞ自由に使っていただき，英語の話せる児童を育てていきましょう。

平成30年９月

瀧沢広人（takizawa@chichibu.ne.jp）

Contents
目次

はじめに 2

Chapter 1
小学校英語教師のための
押さえておきたい指導技術 10

1 目的，場面，状況を意識した言語活動を設定する 8

2 言語形式に気づかせ，体験的に理解させる 9

3 体験的な気づきのある導入にする 10

4 Input から Output への認知プロセスを理解する 11

5 理解可能なインプット（i +1）を意識する 12

6 アウトプットで言語習得を促す 13

7 「その場」で英語を使うことができるようにする 14

8 自分の思いや考えをつなげることができるようにする 15

9 多様な学習形態で活動する 16

10 場面を変えて言語使用を繰り返す 17

Chapter 2
短時間で英語表現が身に付く
「すらすら英会話」& Small Talk

1 基本英語表現は繰り返しの中で自然と身に付く 20

2 ５・６年の「話す・聞く・読む・書く」には定着が求められる 21

3 基本表現集としての「すらすら英会話」 22

4 「すらすら英会話」の３つのねらい 23

5 10分でできる「すらすら英会話」& Small Talk の使い方 24

6 Small Talk の目的 27

7 「ひとくち英語」を使った Small Talk のふくらませ方 28

8 「１文付け足しルール」を使った Small Talk のふくらませ方 29

Chapter 3 小学3年で慣れ親しませたい「すらすら英会話」

1	はじめまして	Hello. I'm Takeshi. I'm from Hokkaido. Nice to meet you.	32
2	元気？	Hi, Maki. How are you? — I'm great, thank you. How are you, Ken?	34
3	いくつ？	How many? — Three. I have three apples.	36
4	～は好きですか？	Do you like sports? — Yes, I do. How about you? — I like cooking.	38
5	どんな～が好きですか？	What do you like? — I like cooking.	40
6	○○を持っている？	Do you have ? — Yes, I do. — How many? — Two.	42
7	何が欲しい？	What do you want? — I want a bike. — This is for you.	44
8	これは何？	What's this? — It's....	46
9	あなたは誰？	Who are you? — Are you an animal?	48
	小3のまとめ「すらすら英会話」		50

Chapter 4 小学4年で慣れ親しませたい「すらすら英会話」

1	好きなものをたずね合おう	I like cats. Do you like cats? — Yes, I do. I have one cat.	52
2	天候をたずねよう	How is the weather? — It's sunny. Let's play baseball.	54
3	何曜日が好き？	What day is it? — It's Sunday. What do you do on Mondays?	56
4	何時ですか？	What time is it? — It's 3 p.m. It's "Snack Time."	58
5	～はありますか？	Do you have ～? — Yes, I do. / No, I don't.	60
6	アルファベットの小文字	I have three letters. — Do you have 'a's? — Yes, I do.	62
7	何にする？	What do you want? — I want orange juice. — This is for you.	64
8	あなたのお気に入りは？	What is your favorite place? — My favorite place is the gym.	66
9	私は10時に寝ます	I go to bed at 10 p.m. — How about you?	68
	小4のまとめ「すらすら英会話」		70

5

Chapter 5 小学5年で定着させたい「すらすら英会話」

1	英語de! 自己紹介をしよう	I'm Takeru. T-a-k-e-r-u. Takeru. I like ramen.	74
2	誕生日はいつ？	When is your birthday? — My birthday is November 6th.	76
3	月曜日は何をしますか？	What do you do on Mondays? — I go to swimming school.	78
4	家での様子を教えて	What time do you usually get up? — I usually get up at 6:00.	80
5	できる？できない？	This is my friend. He can run fast. He can play baseball.	82
6	どこに行きたい？	Where do you want to go? — I want to go to Italy.	84
7	○○はどこにあるの？	Where is the station? — Go straight. Turn right at the second corner.	86
8	何を食べますか？	What would you like? — I'd like steak.	88
9	あなたのヒーローは？	Who is your hero? — My hero is my father. He is good at singing.	90
	小5のまとめ「すらすら英会話」		92

Chapter 6 小学6年で定着させたい「すらすら英会話」

1	This is Me!	My name is Manami. I'm from Japan. I like swimming.	96
2	日本を紹介しよう	We have this event in July. You can enjoy watching stars. It's on July 7th.	98
3	動物・野菜・果物の秘密	Giraffes sleep only 20 minutes a day. Tomatoes come from South America.	100
4	私の町！ふるさとを紹介	I like my town. We have natures, rivers and mountains. We have summer festival.	102
5	夏休みどうだった？	How was your summer vacation? — It was good. I went to.... I ate.... I saw....	104
6	何がしたい？	What do you want to do? — I want to play soccer.	106
7	私の思い出	What is your best memory? — My best memory is School Trip. It was fun.	108
8	あなたは何になりたい？	What do you want to be? — I want to be a doctor. I want to help people.	110
9	中学校で何したい？	What do you want to do in junior high school?	112
	小6のまとめ「すらすら英会話」		114

対話を継続するためのひとくち英語❶	116
対話を継続するためのひとくち英語❷	117
おわりに	118

Chapter 1

小学校英語教師のための
押さえておきたい指導技術10

Chapter 1

1 目的，場面，状況を意識した言語活動を設定する

　小学校学習指導要領の「外国語」及び「外国語活動」を読むと「コミュニケーションを行う目的（や）場面，状況」というフレーズを度々目にします。コミュニケーションとしての言語使用を考えた場合，「目的や場面，状況など」を意識した言語活動の設定は大切な視点なのでしょう。

　例えば小学校3年生の"Let's Try! 1" Unit 7「This is for you.」にWhat do you want?（何が欲しい？）という表現が出てきます。これを扱う場合，まず，What do you want? ― I want…. が使われる目的や場面，状況設定を考えることから始めます。

　そこで思いついた設定として，教師が児童にシールをあげるという**場面**はどうでしょうか。教室にカラフルなシール（stickers）を持ち込み，I have many stickers here.（たくさんシールがあります）と言って見せます。しかし，シールは小さいので，どんなデザインかよくわかりません。そこで実物投影機でシールを大きく投影し，児童にWhat do you want? と尋ねます。すると児童は，欲しいシールを先生に伝えるという**目的**でI want a red star.（赤い星型が欲しい）と言います。確認のために，This?（これですか？）と聞き，児童が，Yes.（はい，そうです）と言ったら，This is for you.（これをあなたにあげます）と言ってシールをあげます。もらった児童は，本当にいいの？という表情をしながらも，Thank you.（ありがとう）と言って席に戻ります。それを見た他の児童が，次々に「ハイ」「ハイ」「ハイ」と言って手を挙げる様子が，容易に目に浮かぶのではないでしょうか。

　ちなみに，シールは，海外から輸入したものを使うといいでしょう。児童にとっては，なかなか手に入らないものなので貴重と感じるでしょう。日本ではコラングスクールサプライ（http://www.colang.jp/）等で購入することができます。ぜひ！チェックしてみてください。

授業アイデア

HRT : I have many stickers here. I'll give you a sticker. What do you want? You can choose one.… What do you want?
S1 : あれ！（指さす）pink…. 四角いもの…。
HRT : Oh, you want a pink square !
S1 : Yes. A pink square.
HRT : You say, "I want …. I want a pink square."
S1 : I want a pink square.
HRT : Here you are.（と言ってシールをあげる）
Ss : いいな…。はい，はい，はい！

Chapter 1

2 言語形式に気づかせ，体験的に理解させる

　「体験的」とは，自らが行動する中で，あることに気づき，実体験として理解することを意味します。前ページのように What do you want? と聞かれ，I want …. と言えば，自分が欲しいものを伝えられるんだということを学ぶのは，まさしく体験的に学んでいることになります。

　これは何も「話す・聞く」の活動のみではありません。文字指導にも言えることです。

　小学校3年生では，アルファベットの大文字を学習します（"Let's Try! 1" Unit 6）。その単元において，児童はアルファベット大文字の「仲間分け」を考えます。アルファベットをいくつかの仲間に分けます。これを行うことで，児童は文字の「音」や「形」に注目することができます。例えば，「ＡＳＬＭＨＮＦＸ」を1つのグループとします。これは，最初の音が /e/ で始まる文字Ａ（エイ），Ｓ（エス），Ｌ（エル）…のグループです。また，「ＢＣＤＥＧＰＴＶＺ」は，終わりの音が /iː/ となる音です。ここで，児童はＶの音にまごつくでしょう。日本語では，Ｖは，「ブイ」と呼んでいるのですが，英語だとヴィーと言います。さらに「ＱＵＷ」も1つのグループとなります。これは，/uː/ という音で終わる文字となります。

　仲間分けを児童にさせることで，教師からの教え込みでなく，児童が体験的に，アルファベットの「音」や「形」に気づくことにつながるのです。

授業アイデア

どのような意図で分けたのでしょう。

【大文字】	
A B C D H I O W M X U V T Y	①
S O H I Z	②
B C D L M N O P R S U V W Z	③
【小文字】	
a c e m n o r s u v w x z	④
b d f h k l	⑤
g j p q y	⑥
b q p d	⑦
c o p s v w x z	⑧

A.　①線対称　②点対称　③一筆書き　④4線の真ん中2本の中に入る（1階建て）⑤上の線まで使う（2階建て）⑥下の線まで使う（地下）⑦逆さまにすると他の文字になる　⑧大文字と小文字の形が同じ

9

Chapter 1

3 体験的な気づきのある導入にする

導入も体験的に行いたいです。例えば，次のようなスキットを ALT と演じてみましょう。

ALT：Welcome to Kenny Restaurant. What would you like?

HRT：そうだな…，パンにするか。I'd like pan.

ALT：Pan? Do you eat a pan?

HRT：Yes. I eat a pan every morning.

ALT：Sorry? This is a pan.（と言ってフライパンを見せる）

HRT：Oh, my god.（と言ってパンの絵を描いて見せる）

ALT：It's bread.

HRT：Yes. Yes. Yes. I'd like bread. （中略）

HRT：アメリカンドッグもいいね。O.K. I'd like one American dog.

ALT：American dog? Do you eat American dogs?

HRT：Yes. I love it.

ALT：This is an American dog.（と言ってアメリカの犬の写真を見せる）

HRT：No. No. No. I'd like….（絵を描く）

ALT：Oh, that's a corn dog.

スキットを見ながら，「普段日本語で言っていることと，英語では違うんだなあ」と児童に気づいてもらうねらいがあります。面白おかしくスキットで ALT と演じることで体験的に指導内容に気づいてもらえればよいと思います。

▶ 授業アイデア ◀ -

アルファベットの導入をスキットでやると，こんな感じになります。

ALT：Mr. Takizawa. Do you know ABC?　　　HRT：Yes! I'm an ABC man.

ALT：What's this?（と言って A の文字を見せる）　HRT：It's エー.

ALT：エー？ No. It's... /ei/.　　　　　　　　HRT：…エー

ALT：No. ... /ei/　　　　　　　　　　　　　HRT：.../ei/

ALT：Good!　　　　　　　　　　　　　　　HRT：Thank you. I'm an ABC man!

ALT：What's this?（と言って C の文字を見せる）　HRT：シー

ALT：It's not シー。/si:/　　　　　　　　　　HRT：/si:/

　　他，F や L をやって，最後に「Thank you. I'm a Super ABC man.」と言って終える。

10

Chapter 1

4 InputからOutputへの認知プロセスを理解する

　第二言語習得では，インプットした言語形式を，最終的にはアウトプットへと持っていかなくてはいけません。では，人はインプットしたことを，どのようなプロセスを経て，アウトプットできるようになっていくのでしょうか。

　人はまずインプットした言語形式に，何らかの形で「気づか」なければいけません。廣森(2016)は，その気づきを1円玉の裏を例示し，説明しています。1円玉の裏にはどんな絵が描かれているでしょうか。描けますか。なかなか思いつかない人もいるのではないでしょうか。つまり，人は気づか（注意が向か）なければ，その理解には進まないということです。ちなみに1円玉の裏のデザインが描けた人は，何らかの形で以前にそのデザインに注意が向いていたわけです。

　この認知のプロセスを図式化すると，次のようになります。

　　インプット → 気づき → 理解 → 内在化 → 統合 → アウトプット

よって，まずは児童に目標言語に注意を向けるようにしなくてはいけないことになります。

授業アイデア

　前ページの What would you like? のスキットを見せた後の気づきを促す例です。

HRT　：今，先生が食事を注文しようとしたけど，なかなかケニー先生に通じなかったよね。なんでだろう？　←注意を向ける

児童1：パンって言うと，フライパンになるから…。←気づき

児童2：日本語と英語では違うところがあるから…。←気づき

HRT　：そうだね。じゃ，食べ物の正しい言い方や発音をするよ。これは Pudding.

児童3：日本語ではプリンだけど，英語だと，プディングって，ディになる。←理解

HRT　：Repeat after me. Pudding.

児童　：Pudding.

【参考文献】『英語学習のメカニズム　第二言語習得研究にもとづく効果的な勉強法』廣森友人著，大修館書店

Chapter 1

5 理解可能なインプット（$i+1$）を意識する

　さて，英語をたくさん聞くことが大事ということはよく耳にします。しかし実は，**意味がわからない英語を何度聞いても，それは言語習得につながらないのです。**わからない英語は，何度聞いてもわからないのです。これは英語以外の他言語を聞き続けた時のことを想像してみてください。聞いていればわかるようになるということはないのです。

　インプット理論を提案したスティーブン・クラッシェン（Stephan Krashen）は，「理解可能なインプット」という表現を使っています。クラッシェンは，言語習得は，**学習者の持つ能力より少し上の英文や内容をインプットすることで学習がなされる**と言います。

　それを，「$i+1$」と言います。よって，学習者の能力よりも，2つも3つも難しい場合（$i+2$, $i+3$）は，$i+1$に近づけるように，レベルを下げてあげなくてはいけません。

　また，$i+0$や$i-1$, $i-2$では，児童は何も学ぶことがない状態になってしまいます。教師は児童の学力の様子を把握しておき，微妙に調整していかなくてはいけないでしょう。

授業アイデア

　児童の行きたい国と，そこで何をやりたいか尋ねる場面です。What do you want to do? の英文が難し過ぎた（$i+2$）場合には，Do you want to …? という言い方に切り替えて，コミュニケーションをとりやすくしている例となります。

HRT：Where do you want to go?

　S1：I want to go to Spain.

HRT：Spain? What do you want to do?　←$i+2$：少し難しい様子が見られた。

　S1：え？　何？　What...do?

HRT：O.K. You want to go to Spain, right?

　S1：Yes.

HRT：Do you want to eat escargot?　←$i+1$に近づける。

　S1：No.

HRT：Do you want to see beautiful buildings?

　S1：No. I ... play soccer.　←自分のやりたいことが児童の口から出る。

HRT：Oh, you want to play soccer.

　S1：Yes.

Chapter 1

6 アウトプットで言語習得を促す

インプット理論を唱えたスティーブン・クラッシェン（Stephan Krashen）は，「言語習得は，インプットをさせることで学習される」としました。つまり，アウトプットできることは，それは言語習得の結果であると結論付けたのです。極論を言うと「インプットのみで言語は習得される」としたのです。

このクラッシェンのインプット仮説に反論したのが，メリル・スウェイン（Merrill Swain）です。彼女が提唱した「アウトプット仮説」は，第二言語習得過程において，インプットだけでは不十分であり，**アウトプットを経ることで言語習得がなされる**としたのです。なぜなら，インプットは言語の意味処理を主に扱うからです。

例えば，現在原稿を書いている平成30年6月26日の Japan News には，Keisuke Honda came off the bench and scored from close range in the 78th minute to give the Japanese a 2-2 draw with Senegal on Sunday at the World Cup.（本田圭佑がベンチから登場し，試合開始78分にゴールを近距離から決めた。そのことにより，ワールドカップセネガル戦で，2対2の引き分けに持ち込んだ）とあります（http://the-japan-news.com/news/article/0004536536）。これを意味理解でよいのであれば，「①本田圭佑が得点を決めた。②セネガルと2対2で引き分けた」と理解すればよいでしょう。では，それを理解したことが果たして言語習得につながるのでしょうか。

試しに，ニュースの概要を英語でアウトプットしてみます。すると，「"引き分け"ってなんて表現するんだっけ？」「"セネガルと"の"と"は，against を使うんだっけ？」と細かな表現についてあれこれ考えるようになります。スウェインは，アウトプットすることが言語習得を促すとし，インプットだけでは不十分，アウトプットも必要であると提唱したのです。1985年のことです。

┌ **授業アイデア** ┐- -

HRT: I usually get up at 5:30. I wash my face. I have breakfast at 6:20. I leave home at 6:50.

S1 : Me too.　←意味処理

Ss : えーーー。そんなに早く出るの？

S1 : 6時50分くらいにはもう出てるよ。

HRT: What time do you leave home?

S1 : I ...home...???　←仮説検証

HRT: I leave home at 6:50.

S1 : （ああ…leave home か…）　←気づき　I leave home... at 6:50.

13

Chapter 1

7 「その場」で英語を使うことができるようにする

　小学校学習指導要領の「外国語」において「その場で」というフレーズが出てきます。解説でそこを補ってみます。

　「その場で」というのは，相手とのやり取りの際，それまでの学習や経験で蓄積した英語での話す力・聞く力を駆使して，自分の力で質問したり，答えたりすることができるようになることを指している。

（『小学校学習指導要領（平成29年告示）解説　外国語活動・外国語編』文部科学省）

　これは，これからの外国語教育の1つのキーワードとなる表現です。ちなみに，中学校で「即興で」という表現を用い，「準備のあるやり取り」と，「即興のやり取り」で区別されます。

　では，「自分や相手のこと及び身の回りの物に関する事柄について，簡単な語句や基本的な表現を用いて<u>その場</u>で質問したり質問に答えたりして，伝え合うことができるようにする」（話すこと［やり取り］）の実現のために，どのような授業をしなくてはいけないのでしょうか。

　1つは，<u>学習した英語表現の蓄積を意図的に行っていく</u>ことです。これは，本書の「すらすら英会話」で，おおよそどのような英語が蓄積されているべきかが見えてくるかと思います。

　2つ目は，<u>繰り返し使用させる</u>ということです。Small Talk の中などで，意図的に既習事項を繰り返し繰り返し用いるようにします。例えば，ハンバーグとスパゲッティが出てきて，どっちが好きか聞きたい時には，蓄積した英語を用いて，What would you like? と言ったり，Do you like hamburger steak? と聞いたりして，その場で考えて，英語を用いることができることを表しています。ちなみに，3・4年生では，「サポートを受けて」とあり，教わりながら言語使用をすることをイメージしています。

授業アイデア

　Who am I クイズ QA は児童の蓄積された英語力が「その場で」表面化される活動です。

HRT：Who am I? （と言って画像の一部を見せる）

　S1：What color?

HRT：I'm dark brown.

　S2：Big?

HRT：Yes. I'm big and heavy.

　S3：Do you live in the water?

HRT：Yes, I do.

　S4：Are you hippo?

Chapter 1

8 自分の思いや考えをつなげることができるようにする

　"Let's Try!" や "We Can!" の教材を見ると，今までに教材の中で見えてこなかった視点が見えてきます。それは，「ことばをつなぐ」ということです。今までは，どちらかと言うと「曜日」の学習であれば，「曜日」だけを扱い，「曜日」の言い方を習得することがねらいとなっていました。しかし，"Let's Try! 2" Unit 3 を見ると，I like Mondays. というタイトルとともに，なぜ月曜日が好きなのか，既習事項を用いて表現するようになっています。つまり，「好きな曜日」と「その理由」がセットになっているのです。

　　　HRT：I like Sundays. What day do you like?
　　　　S1：I like Thursdays and Saturdays. I play soccer. I like soccer.

　このように，曜日の語彙を習得するという目的と同時に，発話に必然性を持たせ，「その場で」自分の思いや考えをつなげることを積み重ねていくのです。

　他には，"Let's Try! 2" の Unit 2（Let's play cards.）で，「天気」と「すること」を組み合わせています。

　　　S1：How is the weather?
　　　S2：It's sunny. Let's play tag.
　　　S1：Yes, let's.

　また，"Let's Try! 2" Unit 4（What time is it?）でも，「時刻」と「何の時間」を組み合わせ，時刻に意味を持たせています。

　　　S1：What time is it?
　　　S2：It's 3 p.m. It's "Snack Time."

授業アイデア

HRT：What fruit do you like? と聞かれて，I like bananas. と答えたとしますよね。
　　　これで黙ってしまっていいかな？　どんなことが足せるかな？
　S1：バナナが好きな理由。
HRT：そうだね。どんな理由がある？
　S1：栄養がある。
HRT：おーーー。They are healthy.（より汎用性のある語で代用する）
　S2：あと，おいしい。
HRT：Yummy.
　　　これは，児童同士の Small Talk を広げ，深めていくことにつながります。

15

Chapter 1
9 多様な学習形態で活動する

　英語学習は，言語教育です。言語は使用しながら，身に付けていきます。その時に，多様な学習形態を必要とします。

　1つは，隣の児童とのペア（2人組）です。この隣同士のペアを，兵庫県の稲岡章代先生は「パートナーA」と命名しています。ちなみに，「パートナーB」は前後のペアとなり，「パートナーC」は，斜め同士のペアになります。

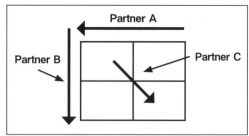

　2つ目は，ペアとペアをくっつけた4人組のグループです。これは，前後のペア同士がくっつけば4人組のグループになります。4人班では，順番に1人ずつ，「私の日課」（小学校5年生）や「私の将来の夢」（小学校6年生）など，いきなり大人数での発表は難しいという場合に，少人数グループで行う場合に用いることができます。

　3つ目は，生活班です。通常の6人班，給食を食べる時などの班になります。給食での班になりますので，私は，Let's make lunch groups.（給食班を作って！）と言います。

　4つ目は，自由に立って話をする学習形態です。児童は立ち上がって，いろいろな児童と英語でコミュニケーション活動を図ります。「普段，あまり話をしたことのない人と話してみよう」と一言添えてからやると，だんだんと友達の輪が広がっていきますし，低学年の頃からそのような「誰とでも話をする」ということを習慣化していきたいです。

授業アイデア

HRT : Let's make pairs.
　　　（と言って，隣の人とペアになることをジェスチャーでも示す）
　　　Let's talk about sports. I'll give you 40 seconds.
　　　Ready Go.
S1 : I like baseball. What sports do you like?
S2 : I like many sports, but my favorite sports is basketball.
S1 : Oh, basketball? Do you play basketball?
S2 : Yes. I play basketball on Mondays,Wednesdays and Saturdays.
S1 : Oh, three……
HRT : Let's change your partner.

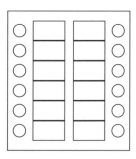

という指示を出すと，児童は1つ右に席を移動し，また違う人と対話をします。

Chapter 1

10 場面を変えて言語使用を繰り返す

　What do you want? の言語活動事例は，「1　目的，場面，状況を意識した言語活動を設定する」（p.8）で紹介しました。欲しいシールを児童に選ばせ，I want …. を使わせる場面です。
　では，こんな場面設定はどうでしょうか。
　レストランに行って，友達にドリンクを持ってくる場面です。友達に何と聞くでしょうか。そうですね。これも，What do you want? が使えます。つまり，場面や状況が違っても，相手が欲しいものを尋ねるときは，What do you want? が使えることを，他の場面でも示していきます。

　信州大学の酒井英樹氏は，「新学習指導要領では，同じ語句や表現を異なる場面で繰り返し用いることを通して，運用できるようにすることが求められています」（『英語教育』7月号，2018年，大修館書店）と言います。
　確かに，"Let's Try!" や "We Can!" のテキストを見ると，既習事項を繰り返し繰り返し使いながら，児童に言語活動を行わせる教材の組み立てが見えてきます。そこで大事なことは，酒井氏の言われる「異なる場面で」ということです。
　同じ場面でなく，言語が使われる異なる場面を持ってきて，児童に言語活動をさせるのです。

授業アイデア

HRT：この間，みんな観光大使になって，いろいろな国を紹介したよね。どんな英語を使ったか覚えている？
S1：Hello. Welcome to Italy. You can eat pizza.
S2：You can see ピサの斜塔 . It's fun.
S3：You can visit water city, ベニス .
S4：You can enjoy ゴンドラ .
HRT：Today, my friend will come to our town. Do you have any ideas to visit?
S5：Your friend can enjoy 鵜飼 .
HRT：What is 鵜飼？
S5：＊ Bird … eat fish. ＊ We watch on the boat.

　世界の紹介から地元の紹介へと場面を変えても，基本的な語句はそんなに変えずに説明できることを体験的に理解させ，言語の汎用性に気づかせます。

短時間で英語表現が身に付く
「すらすら英会話」
&
Small Talk

Chapter 2

1 基本英語表現は繰り返しの中で自然と身に付く

　小学校英語では，音声で十分に慣れ親しませるという視点が大事です。そのため児童には，繰り返し繰り返し基本表現を使わせるような場面やトピックを与え，友達とインタラクションを図り，結果的に無意識のうちに対象言語を身に付けさせるようにします。何度も何度も，核となる定型表現を繰り返し使用することで，児童は表現を身に付けていきます。

　例えば，小学校3年生の"Let's Try! 1"のUnit 4で，I like.... を学習します。ここで児童は何度も自分の好きなものや嫌いなものを声に出して言うことで，I like.... や，I don't like.... また，相手に尋ねる表現，Do you like...? に慣れ親しみます。

　続いて，次の単元のUnit 5には，What ... do you like? が出てきます。ここでもI like.... の表現が必然的に使用され，何度も声にすることになります。

　またUnit 7では，What do you want? の表現を学習します。児童は自分が欲しいものを，I want a red circle. と，色と形を選びながら言います。ここで欲しいものを言った後に，それを選んだ理由，I like red. を添える形で口にする機会が保証されます。

　How many ? は，"Let's Try! 1"Unit 3で初めて学習します。その後，Unit 7のThis is for you. の単元で，How many squares? のように，いくつ欲しいのか尋ねる活動で使う機会を得ます。さらに4年生になっての"Let's Try! 2"Unit 5のDo you have a pen? でも，How many pencils? のようにHow many を繰り返し登場させ，慣れ親しませるように持っていきます。

　核となる定型表現は，繰り返し繰り返し使用し，音声で十分に慣れ親しませることが大事です。"Let's Try!"や"We Can!"の教材を見ると，話題や場面を変え，児童は同じような表現を，何度も何度も，繰り返し繰り返しスパイラルに，意図的に使用する機会が得られるように教材ができています。「聞く・話す」が充実した教材となっています。児童はかなりの部分で友達同士とのインタラクションを通じ，基本会話が自然と身に付くでしょう。

Chapter 2

2 5・6年の「話す・聞く・読む・書く」には定着が求められる

　小学校3・4年生では，「話すこと・聞くこと」は定着までは求めていません。しかし，基本表現を繰り返し繰り返し使用することにより自然と定着している児童もいるかと思います。

　しかしながら，**言語は使わなければ忘れてしまいます。**

　適当な時期に，意図的に使用させていくことで，慣れ親しんだ表現は，定着の表現へと進みます。

　ちなみに，小学校3・4年生は慣れ親しみですが，小学校5・6年生は，「基礎的な技能」の定着が求められています。外国語科の目標では「読むこと，書くことに慣れ親しみ，聞くこと，読むこと，話すこと，書くことによる実際のコミュニケーションにおいて活用できる基礎的な技能を身に付けるようにする」とあります。ただ，「読むこと・書くこと」については，**慣れ親しんだ上で，「コミュニケーションにおいて活用できる基礎的な技能」**を身に付けるとし，その技能を次のように解説しています。

【読むことの基礎的な技能】

> ア　活字体で書かれた文字を識別し，その読み方を発音することができるようにする。
> イ　音声で十分に慣れ親しんだ簡単な語句や基本的な表現の意味が分かるようにする。

　簡単に言うと，「アルファベットが読める」「英文が読め，意味が分かる」です。

【書くことの基礎的な技能】

> ア　大文字，小文字を活字体で書くことができるようにする。また，語順を意識しながら音声で十分に慣れ親しんだ簡単な語句や基本的な表現を書き写すことができるようにする。
> イ　自分のことや身近で簡単な事柄について，例文を参考に，音声で十分に慣れ親しんだ簡単な語句や基本的な表現を用いて書くことができるようにする。

　書くことにおける基礎的な技能は3つあります。1つは「アルファベット大文字小文字を書くことができる」であり，2つ目は「書き写すことができる」，3つ目は「例文を参考に，自分のことや身近な事柄について書くことができる」となります。

　"We Can!1・2"の教材も，それらの目標が達成できるような紙面構成となっていることがわかるでしょう。

Chapter 2

3 基本表現集としての「すらすら英会話」

　実際の授業では，児童に Activity を与え，基本表現を集中的に学ばせていきます。
小学校３年生の "Let's Try! 1" の Unit 1 では，

○ Hello. My name is Yumi.

○ Hi. I'm Takeshi.

○ Nice to meet you.

○ Nice to meet you, too.

○ I'm from Hokkaido.　等

を児童はインタラクションをとりながら学びます。

　"Let's Try! 1" の Unit 1 では，自分の名前を言う時には，I'm～. という表現を用いており，
My name is .... は出てきませんが，Unit 4 で出てきますので，この最初の出会いで２通りの言
い方を児童には教えてしまいます。

　Unit 2 では，How are you? を学習します。

○ How are you?

○ I'm fine. Thank you. How are you?

○ I'm great.

　さらに，Unit 3 では，How many apples? を学習し，Unit 4 で，I like.... I don't like.... Do
you like...?，Unit 5 で，What do you like? What color do you like? と学び，児童は，次から
次へと基本表現を学んでいきます。

　このように，小学校３・４年生で "Let's Try! 1" と "Let's Try! 2" で学んでいくと，合計
70時間の授業時間の中，かなりの表現を児童は学ぶことになります。

　定着までは求めてはいないとは言え，児童がどのような表現を学んだのか教師は知っている
必要がありますし，児童にも，基本表現の確認としての表現集はそばに置いておきたいもので
す。それが，「すらすら英会話」です。

Chapter 2
4 「すらすら英会話」の3つのねらい

　「すらすら英会話」のねらいは，大きく3つあります。
　1つは，「**基本表現の整理**」です。
　どんな表現を学んできたのかがわかるように1単元で1枚作成します。
　「すらすら英会話」は，英語ファイルに貼っていきます。
　ファイルを開いた左側（表紙の裏）に貼っていきます。
　これで，どのような表現を学んできたのか，振り返りたいと思った時に，児童は振り返ることができます。

　2つ目は，「**基本表現の確認**」です。
　1つの単元が終わった時に，
　「みんなこの表現言えるかな？」
と，日本語を見て，英語で言うことをさせます。このことで，基本表現の確認をさせます。
　ただ，小学校3・4年生では，慣れ親しみなので，ここは重くは扱わず，児童が自分で確認してみる程度で，軽く扱います。
　当然，小学校3・4年生は，文字は読めないという前提です。

　3つ目は，「**教師のための表現集**」です。
　児童が現在までに，どのような英語表現を学んできているのか，単元ごとにまとまっていることで，「今日のSmall Talkは，この既習表現を混ぜてやってみよう」「ここらへんで，一度，この表現を取り上げて，表現の蓄積を図ろう」というように，意図的に基本表現を授業に組み込むことができるのです。
　これから説明するSmall Talkは，実は，**基本表現の積み重ね**で構成されているのです。

Chapter 2
5　10分でできる「すらすら英会話」＆ Small Talk の使い方

　一例を示します。"Let's Try! 1" Unit 4 の I like blue. は４時間扱いです。
　第１時は，虹の話題から，色について学習します。この時に，好きな色を英語で言わせてもよいでしょう。好きな色を言って，授業が終わります。
　第２時は，第１時の復習（好きな色を言う：例　I like yellow.）から入り，あまり好きじゃない色（I don't like pink.）の言い方を学びます。
　第３時は，「あなたは青色が好きですか」（Do you like blue?）と，友達に質問する言い方を学びます。
　そして第４時は，自分の好きなもの，きらいなものなどを言いながら，自己紹介する場面になりますが，この第４時の最初の時間で，本書 p.38 にあるように，教師と児童との Small Talk を行います。

1▶ 教師と児童との Small Talk（5分）

　単元末において，次のような Small Talk を行いながら，どんな表現を学習したのかを振り返らせるとともに，児童の表現力の到達度を確認します。

```
HRT：Hi, Taku. Do you like vegetables?
  S1：Yes, I do. I like cucumbers. Do you like vegetables?
HRT：Me? Yes, I do. I like eggplants. How about you?
  S1：No. I don't like eggplants.
HRT：Oh, really. They are yummy.
（以下，色，スポーツ，果物，食べ物等のトピックで行う）
```

　ここでこのような Small Talk ができるようにするために，第１時〜第３時までの授業で，児童に音声で十分に慣れ親しませておきます。ゴールをイメージし，そのゴールを達成するために，１時間，１時間の授業を遡って考える授業デザインを，Backward Design（バックワード・デザイン）と言います。

2 教師が日本語で言って，児童が英語で言う（2分）

　その後，「すらすら英会話」を配り，「どのくらい言えるかな？」と言って，児童にチェックさせていきます。
　最初は，教師が日本語で言って，児童が英語で言うのをやってみるといいでしょう。

> HRT：野菜は好き？
> 　Ss：Do you like vegetables?
> HRT：はい。好きです。
> 　Ss：Yes, I do.
> HRT：私はなすが好きです。
> 　Ss：I like eggplants.
> HRT：あなたは？
> 　Ss：How about you?
> HRT：私はなすは好きではありません。
> 　Ss：I don't like eggplants.

3 自己チェックする（2分）

　どのくらい言えるか児童が自分でチェックし，少し練習します。
　教師は，机間指導を行い，うまく言えない児童のサポートに入るようにしましょう。

　学習指導要領には，「ウ　サポートを受けて，自分や相手のこと及び身の回りの物に関する事柄について，簡単な語句や基本的な表現を用いて質問したり質問に答えたりするようにする。」（小学校学習指導要領　外国語活動　（2）話すこと［やり取り］）とあり，教師等の助言をもらいながら，英語を話すということが求められています。ここは，ヴィゴツキーの最近接発達領域の考え方に通じるものがあります。

4 友達との対話（2分）

児童は向かい合って座り，すらすら英会話を参考にしながら，友達と対話します。
出だしはいつも，「挨拶」から始めるようにします。

> S1：Hello. How are you?
> S2：I'm great. Thank you. How are you?
> S1：I'm good. Do you like vegetables?
> S2：Yes, I do. I like tomatoes. How about you?
> S1：I like carrots.
> S2：I don't like carrots.

この時，「すらすら英会話」には，野菜の例が出ていますが，スポーツや色，果物，食べ物など，いろいろな話題で行うように児童に伝えます。
およそ1分でペアを替え，新たなペアと対話を行います。

5 出来栄え度を評価（1分）

簡単に振り返らせます。

> HRT：やってみてどうだった？　まあまあ言えた人？
> 　Ss：(手を挙げる)

6 話すこと：発表（2分）

その後は，本時のねらいである「自己紹介」に移ります。

> HRT：じゃ，今度は，自分の好きなものやあまり好きじゃないものを入れながら，友達に紹介してみようか…。先生が1回やってみるね。Hello. I'm Manami. I'm from Saitama. I like vegetables. I like cucumbers. I don't like carrots. Do you like carrots? Thank you.
>
> HRT：では，ペアになって，ジャンケンして，勝った人から立って自己紹介をしましょう。

Chapter 2

6 Small Talk の目的

そもそも Small Talk の目的は何でしょうか。

『小学校外国語活動・外国語研修ガイドブック』（文部科学省）の「授業研究編」では，その目的について，次のように解説しています。

Small Talk を行う主な目的は，（1）既習表現を繰り返し使用できるようにしてその定着を図ること，（2）対話の続け方を指導すること，の2点である。

（『小学校外国語活動・外国語研修ガイドブック　授業研究編』p. 84，文部科学省）

上記の通り，1つは「既習事項の定着」であり，もう1つは「対話を続ける方法を学ぶ」ということになります。

そして，小学校高学年では「対話を続けるための基本的な表現」として，例示を6点示しています（私の分類とは違います）。参考に引用します。

<図表1>対話を続けるための基本的な表現例

対話の開始	対話の始めの挨拶 Hello./ How are you?/ I'm good. How are you? など
繰り返し	相手の話した内容の中心となる語や文を繰り返して確かめること 相手：I went to Tokyo. 自分：(You went to) Tokyo. など
一言感想	相手の話した内容に対して自分の感想を簡単に述べ，内容を理解していることを伝えること That's good. / That's nice. / Really? / That's sounds good. など
確かめ	相手の話した内容が聞き取れなかった場合に再度の発話を促すこと Pardon? / Once more, please. など
さらに質問	相手の話した内容についてより詳しく知るために，内容に関する質問をすること 相手：I like fruits.　自分：What fruits do you like? など
対話の終了	対話の終わりの挨拶 Nice talking to you. / You, too. など

（『小学校外国語活動・外国語研修ガイドブック　授業研究編』p. 84，文部科学省）

Chapter 2

7 「ひとくち英語」を使った Small Talk のふくらませ方

　児童は，毎時間毎時間，基本表現を積み重ねていきます。それらの基本表現の集まりが，Small Talk となります。

　その Small Talk に，「対話を続けるための基本的な表現」をはさみ込んでいきます。

---

①反応する（ I see. / Really? / Me too. / Pardon? / I know. / I don't know. ）

②繰り返す（ Oh, eggplants? / You like tomatoes? ）

③感想を言う（ Good. / That's nice. / That sounds fun. ）

④質問する（ How about you? / Why? / How was it? / What is your favorite fruit? ）

　例えば，小学校３年生 "Let's Try! 1" Unit 5 で，What fruit do you like? を扱います。

　ここらへんで，例えば，

Me too.（私も）　　I see.（わかりました）　　Really?（本当？）

という３つの表現を教えます。

　「相手が何か言ったら，このように反応しましょう」

と言って，黒板に貼っておいてもいいでしょう。

　児童はペアで Small Talk します。

S1：Hello. How are you?	S2：I'm great. Thank you. How are you?
S1：I'm good. What fruit do you like?	S2：I like peaches.
S1：**Me too.**	S2：It's yummy.
S1：**I see.** I like grapes.	S2：Oh, **really?** I don't like grapes.

　このように，「反応する」表現を入れて，対話をします。

　児童同士の Small Talk が終わったら，「この３つの表現，すべて使った人？」「１つは使ったっていう人？」と言って振り返らせます。また，「このような表現を使ったら，どんな感じがした？」と投げかけ，「会話が続いた」「会話がつながった感じがした」「会話しているみたいだった」のように，そのよさに**気づかせる**ようにします。p.116のような英語表現（ひとくち英語）を段階的に取り入れていきましょう。

Chapter 2

8 「１文付け足しルール」を使った Small Talk のふくらませ方

　さて，基本表現である「すらすら英会話」を柱に，「ひとくち英語」をはさみながら，対話を続ける方法はわかりました。では，対話を続けるためには，そのような「ひとくち英語」を用いることだけでしょうか。「ひとくち英語」の活用も１つの方法ではありますが，例えば，自分が言ったことをさらにもう１文，もう１文と「詳しく言ってみる」ということも指導するとよいでしょう。

　例えば，４年生になったら，「自分が言ったらもう１文付け足そう」とします。

S1：Do you have pets?

S2：Yes, I do. **I have dogs.**

S1：How many dogs?

S2：I have two dogs. **I like dogs.**

のように１文以上，足すようにします。

　また，会話の切り出しでは，いきなり相手に質問するのではなく，「自分のことを言ってから，相手に質問しよう」とします。

S1：**I don't have pets.** Do you have pets?

S2：Yes, I do. I have dogs.

コミュニケーションの場づくりとして，自己開示をすると，相手も自己開示しやすくなるということがあります。

S1：**I'm from Saitama.** Where are you from?

S2：I'm from Tokyo.

S1：Tokyo? Tokyo is nice.

対話を続けるために，

①自分が言ったら（答えたら），もう1文付け足そう。
②話のきっかけづくりでは，自分のことを言ってから，相手に質問しよう。
③3～4人組なら，How about you? と言って，みんなが発言できるようにしよう。
④話題を変える時には，By the way,..... と言ってから，新しい話題に移ろう。

などの方略的能力（strategic competence）を指導していくことも，少しずつ入れたいです。

Small Talk の活動アイデア

「消しゴムトーク」

　対話をしていると，人がまだ話をしているのに，話に割り込んでくる人がいます。
　そこで，消しゴムトークという方法を用います。
　ペアになって，消しゴムを1つ用意します。
　ペアで会話をしていきますが，自分の発言が終わったら，相手に消しゴムを渡します。
　消しゴムをもらった人は，相手からの質問に答えたり，もしくは質問がない場合，その話題でつなげたりしていきます。
　このことで，教師側から見て，消しゴムが児童間でやり取りがされていると，会話がちゃんと続いていることが観察できたり，誰が発言したりしているのかもわかります。さらに，消しゴムが手元にない間は，発言権は相手にあるということが必然的にわかります。
　もちろん，反応するなどのひとくち英語は，消しゴムの移動はなく，自由にはさませます。

小学3年で慣れ親しませたい
「すらすら英会話」

Chapter 3

1 はじめまして "Let's Try! 1" Unit 1

Hello. I'm Takeshi. I'm from Hokkaido. Nice to meet you.

> **本単元の目標** 自分の名前や，出身地を言って自分を紹介する。

> **Small Talk** （2分）

今まで学んだ表現を用いて，児童数名に話し掛けます。

HRT：Hello. I'm Maki. What's your name?

S1：I'm Miki.

HRT：I'm from Saitama.

S1：I'm from Nishi-machi.

HRT：Nice to meet you.（握手する）

S1：Nice to meet you, too.

> **すらすら英会話** （6～7分）

①真ん中の線で折って，言えるか確認します。

②折った状態で，隣のペアと会話をします。

> **Let's Talk** （8分）

今から，教室の中を歩き回って，たくさんの人と自分の名前や出身地を伝え合って仲良しになります。最後に何するんだっけ。（Ss：握手）では，やってみましょう。

＜モデル英会話＞

S1：Hello.

S2：Hi.

S1：My name is ....

S2：I'm .... I'm from Yayori-cho.

S1：I'm from Kita-machi.

S2：Nice to meet you.

S1：Nice to meet you, too.

> **授業づくりのポイント** 握手はその昔，手のひらを相手に見せて，「手には何も持っていないですよ」と武器を持っていないことを表したことから始まりました。友好の印なんですね。

はじめまして

Check it out!

まん中の線で折って，言えるかどうかやってみよう！
言えたら，□に✓を入れましょう。

□ ① こんにちは。私の名前はユミ。	❶ Hello. My name is Yumi.
□ ② ぼくは，たけし。	❷ Hi. I'm Takeshi.
□ ③ よろしくね。	❸ Nice to meet you.
□ ④ こちらこそよろしくね。	❹ Nice to meet you, too.
□ ⑤ 私は，北海道の出身です。	❺ I'm from Hokkaido.

ぜんぶ言えたかな？

　　　言えた　　　　だいたい言えた　　　　もう少し

Chapter 3

2 元気？ "Let's Try! 1" Unit 2

Hi, Maki. How are you?
— I'm great, thank you. How are you, Ken?

> **本単元の目標** ジェスチャーを使いながら，気持ちを尋ねたり，答えたりする。

> **Small Talk** （2分）

今まで学んだ表現を用いて，児童数名に話し掛けます。

HRT : Hello.	
S1 : Hello.	
HRT : How are you?	
S1 : I'm great thank you. How are you?	
HRT : I'm good thank you.	
How are you, Ken?	
S2 : I'm fine. Thank you. How are you?	

> **すらすら英会話** （5分）

①真ん中の線で折って，言えるか確認します。

②折った状態で，隣のペアと会話をします。

> **Let's Talk** （5分）

すらすら英会話は閉じましょう。今から，教室の中を歩き回って，挨拶をしましょう。自分のことを聞いてくれてありがとうと Thank you. やジェスチャーも忘れずにね。Stand up. You have two minutes. Let's go!

＜モデル英会話＞
S1 : Hello. How are you, Mami?
S2 : I'm fine thank you. How are you?
S1 : I'm good thank you. Bye!
S2 : Bye!

> **授業づくりのポイント** 小学校外国語活動では，相手意識を持ってコミュニケーションをすることが求められています。「聞いてくれてありがとう」という意味で，I'm fine thank you. のように言っているんですね。

元気?

> **Check it out!**

まん中の線で折って，言えるかどうかやってみよう！
言えたら，□に✓を入れましょう。

□ ① ヒロ君，元気?	① How are you, Hiro?
□ ② 元気だよ。 あなたは?	② I'm fine. Thank you. How are you?
□ ③ すごく元気だよ。	③ I'm great.

> ぜんぶ言えたかな？

　　　言えた　　　　だいたい言えた　　　　もう少し

Chapter 3

3 いくつ？ "Let's Try! 1" Unit 3
How many? — Three. I have three apples.

>• **本単元の目標** いくつあるのか数を尋ねたり，答えたりする。

>• **Small Talk** （2分）

今まで学んだ表現を用いて，児童に尋ねます。

> **HRT**：Look at pages 10 and 11. How many baseballs? Can you count?
> **Ss**：One two three...five. Five baseballs.
> **HRT**：Good. Then, how many pencils on page 11.
> **Ss**：On page 11? One two three four ... seven. Seven pencils.
> **HRT**：Good. How many strokes?（と言って，山という漢字を見せる）
> **Ss**：One two... three. Three strokes.

>• **すらすら英会話** （6分）

①真ん中の線で折って，言えるか確認します。

②折った状態で，隣のペアと会話をします。

>• **Let's Talk** （8分）

教科書を持って，教室中を歩き回って，友達と How many～? のクイズを出し合います。自分ばかりが質問するのではなく，お互い質問を1つずつ出し合いましょう。その時，How many apples on page 10? のように，「10ページにいくつある？」と尋ねてもいいです。

> ＜モデル英会話＞
> **S1**：Hello.
> **S2**：Hello.
> **S1**：How many pencils on page 10?
> **S2**：One two three.... ten. Ten pencils. How many rulers on page 11?
> **S1**：One.... One ruler.
> **S2**：Bye!

>• **授業づくりのポイント** コミュニケーション活動を行う時には，出会った時，最初に挨拶を忘れないように指導し，習慣付けましょう。

いくつ？

> **Check it out!**

まん中の線で折って，言えるかどうかやってみよう！
言えたら，□に✓を入れましょう。

☐ ① リンゴは何個？　　　　　❶ How many apples?

☐ ② 5つ。　　　　　❷ Five apples.

☐ ③ リンゴを5つ持っています。　　　　　❸ I have five apples.

> ぜんぶ言えたかな？

　　言えた　　　　だいたい言えた　　　　もう少し

Chapter 3

4 〜は好きですか？ "Let's Try! 1" Unit 4

Do you like sports? — Yes, I do. How about you?
— I like cooking.

➤ 本単元の目標 あいづち表現をはさみながら「好き・きらい」の表現に慣れ親しむ。

➤ Small Talk （5分）

「好き・きらい」の表現に慣れ親しむとともに，会話と会話をつなぐあいづち表現を使用しながら，対話を組み立てていきましょう。

HRT：Hi, Taku. Do you like vegetables?
S1：Yes, I do. I like cucumbers. Do you like vegetables?
HRT：Me? Yes, I do. I like eggplants. How about you?
S1：No. I don't like eggplants.
HRT：Oh, really. They are yummy. （以下，色，スポーツ，果物，食べ物等のトピックで行う）

➤ すらすら英会話 （6分）

①真ん中の線で折って，言えるか確認します。

②折った状態で，隣のペアと会話をします。

➤ Let's Talk （8分）

色，スポーツ，野菜，食べ物，果物のトピックで，今から友達と会話します。

＜モデル英会話＞
S1：Hello, Maki.
S2：Hi, Shingo. I like baseball. Do you like baseball?
S1：No, I don't. I don't like sports. I like cooking.
S2：Oh, nice. Do you like fruit?
S1：Yes, I do. I like bananas. How about you?
S2：I like apples.

➤ 授業づくりのポイント 小学校外国語活動のキーワードは，「意図的に繰り返す」です。学習したことに十分慣れ親しむために，意図的に学習したことを繰り返させましょう。

すらすら英会話 ❹

小学 3 年

〜は好きですか？

> **Check it out!**
> まん中の線で折って，言えるかどうかやってみよう！
> 言えたら，□に✓を入れましょう。

□ ① 野菜は好き？ | ❶ Do you like vegetables?

□ ② はい。 | ❷ Yes, I do.
私はなすが好きです。 | I like eggplants.
あなたは？ | How about you?

□ ③ 私はなすは好きじゃない。 | ❸ I don't like eggplants.

> **ぜんぶ言えたかな？**

言えた　　　　だいたい言えた　　　　もう少し

Chapter 3

5 どんな〜が好きですか？　"Let's Try! 1" Unit 5

What do you like? — I like cooking.

>● **本単元の目標**　あいづち表現をはさみながら「どんな〜が好きですか」の表現に慣れ親しむ。

>● **Small Talk**　（4分）

今までのまとめとして，次のような質問を児童に投げかけます。

HRT：Hi, Miyuki. Look at this. （と言ってリンゴを見せる）
S1：An apple.
HRT：Yes. I like apples. They are healthy. What fruit do you like?
S1：I like strawberries.
HRT：Oh, really? O.K. Look at this. （と言ってサッカーボールを見せる）It's a soccer ball. I like soccer. What sport do you like, Takeshi?
S2：I like baseball.

>● **すらすら英会話**　（6分）

①真ん中の線で折って，言えるか確認します。

②折った状態で，隣のペアと会話をします。

>● **Let's Talk**　（8分）

I see. Really?　Me too. Nice. How about you? などのあいづちを入れて，友達が好きな色やスポーツ，野菜，食べ物，果物を聞いていきましょう。

＜モデル英会話＞
S1：Hello, Ken.
S2：Hi, Sayo. What food do you like?
S1：I like spaghetti. How about you?
S2：I like spaghetti too. What spaghetti do you like?
S1：I like napolitan spaghetti.
S2：Me too.

>● **授業づくりのポイント**　食べ物の回では，さらに細かく聞いてみましょう。寿司が好きなら，What sushi do you like? — I like natto rolls. ラーメンが好きなら What ramen do you like? — I like miso ramen. のように，話がふくらむように話題を持っていきましょう。

40

小学3年 すらすら英会話 ⑤

どんな〜が好きですか？

> **Check it out!**

まん中の線で折って，言えるかどうかやってみよう！
言えたら，□に✓を入れましょう。

□ ① 赤色は好き？　　　　　　　❶ Do you like red?

□ ② いいえ。　　　　　　　　　❷ No, I don't.

　　私は黄色が好きです。　　　　　 I like yellow.

　　あなたは何色が好き？　　　　　 What color do you like?

□ ③ 私はピンクが好き。　　　　❸ I like pink.

> ぜんぶ言えたかな？

　　言えた　　　　だいたい言えた　　　　もう少し

Chapter 3

6 ○○を持っている？ "Let's Try! 1" Unit 6
Do you have ? — Yes, I do. — How many? — Two.

>・ **本単元の目標** 既習表現を使いながら「〜を持っていますか」の表現に慣れ親しむ。

>・ **Small Talk** （4分）

まとめとして，次のような質問を児童に投げかけます。

HRT：Look at this. It's a zoo. You see many animals.	
Pandas, monkeys, elephants, giraffes.... Do you like animals?	
S1：Yes, I do. I like animals.	
HRT：Do you have pets?	
S1：Yes, I do. I have dogs.	
HRT：How many dogs?	
S1：Two dogs.	

>・ **すらすら英会話** （6分）

①真ん中の線で折って，言えるか確認します。

②折った状態で，隣のペアと会話をします。

>・ **Let's Talk** （8分）

① pets ② comic books ③ games ③ brothers and sisters のトピックで会話しましょう。

＜モデル英会話＞
S1：Hello, Hiroshi.
S2：Hi, Yayoi.
S1：I have two cats. Do you have pets?
S2：No, I don't. I don't like animals.
S1：What do you like?
S2：I like comic books. I have many comic books.

>・ **授業づくりのポイント** "Let's Try!1" の Unit 6 ではアルファベットの大文字を扱います。そこで，本単元では，動物の頭文字（alligator/bear/cow/duck/elephant）でアルファベットを扱いつつ，have が使える状況を考え，飼っている「ペット」や「兄弟姉妹」をトピックにSmall Talk していきましょう。

42

小学 **3**年 　su ra su ra ei kai wa
すらすら英会話 ❻

○○を持っている？

➤ Check it out!

まん中の線で折って，言えるかどうかやってみよう！
言えたら，□に✓を入れましょう。

□ ① ペットをかっていますか。　　　❶ Do you have pets?

□ ② はい。　　　❷ Yes, I do.

□ ③ 何をかっているの？　　　❸ What pets do you have?

□ ④ ネコをかっています。　　　❹ I have cats.

□ ⑤ 何びきかっているの？　　　❺ How many cats?

➤ ぜんぶ言えたかな？

言えた　　　　だいたい言えた　　　　もう少し

43

Chapter 3

7 何が欲しい？ "Let's Try! 1" Unit 7
What do you want? — I want a bike. — This is for you.

> **本単元の目標** 既習表現を使いながら「～が欲しい」「これどうぞ」の表現に慣れ親しむ。

> **Small Talk** （10分）

形や色があるシールを教室に持ち込み，実物投影機で見せながら Small Talk する。

HRT：	Look at these stickers.
	What do you want?（全員に向かって言う）
S1：	I want a green star.
HRT：	O.K. This is for you. Here you are.
S1：	Thank you. 本当にもらっていいの？
HRT：	Yes. What do you want?
Ss：	はい。はい。はい。
S2：	I want a red square.

> **すらすら英会話** （6分）

①真ん中の線で折って，言えるか確認します。
②折った状態で，隣のペアと会話をします。

> **Let's Talk** （8分）

自分が持っているシールを友達に見せて，友達が欲しいものを分けてあげましょう。

＜モデル英会話＞	
S1：	Hello, Maki.
S2：	Hi, Kenta. I have stickers. What do you want?
S1：	I want a blue circle.
S2：	O.K. This is for you. Here you are.
S1：	Thank you.
S2：	You're welcome. What do YOU want?

> **授業づくりのポイント** コミュニケーションには目的，場面，状況を考えることが大事です。ここでは，シールをあげる場面を想定して，色と形を用い，体験的な理解を目指します。

何が欲しい？

> **Check it out!**
> まん中の線で折って，言えるかどうかやってみよう！
> 言えたら，□に✓を入れましょう。

□ ① あなたは何が欲しい？ 　　　　❶ What do you want?

□ ② 緑色の丸が欲しい。 　　　　❷ I want a green circle.

□ ③ これをあなたにあげます。 　　❸ This is for you.

　　どうぞ。 　　　　　　　　　　　 Here you are.

□ ④ ありがとう。 　　　　　　　　❹ Thank you.

> **ぜんぶ言えたかな？**

　　言えた 　　　　だいたい言えた 　　　　もう少し

Chapter 3

8 これは何？ "Let's Try! 1" Unit 8
What's this? — It's....

> **本単元の目標** 既習表現を使いながら「これは何ですか？」の表現に慣れ親しむ。

> **Small Talk** （10分）

教師が動物のマネをして，What's this? と投げかけ，児童が動物を当てます。

> HRT：Look at this. What's this? Do you know?（と言って，象のマネをする）
>
> Ss ：I know!（と言って手を挙げる）
>
> HRT：（ある程度，手が挙がったところで）What's this? One, two....
>
> Ss ：It's an elephant.
>
> HRT：That's right. What about this?（と言って，手で耳を作り）
>
>   Jump. (jump と言って，飛び跳ねる格好をする)
>
> Ss ：I know!

> **すらすら英会話** （6分）

①真ん中の線で折って，言えるか確認します。

②折った状態で，隣のペアと会話をします。

> **Let's Talk** （8分）

友達とペアになります。ペア1が，ジェスチャーで動物のマネをしながら，What's this? と尋ねます。ペア2は，It's～. と当てます。この間やったヒントクイズのように，英語でヒントを言ってもいいです。当たったら役割を交代します。交代する時，何って言うんだっけ？（児童：It's your turn.）では，時間8分間とります。Let's start.

> ＜モデル英会話＞
>
> S1：Hello, Manami.
>
> S2：Hi, Chinami. What's this?（両手でヘビの様子を表す）Long.... Mountain....
>
> S1：Snake!
>
> S2：That's right. It's your turn.

> **授業づくりのポイント** 活動に必要な表現を適宜教えます。ここでは，It's your turn.（あなたの番です）や，I know.（知っているよ）などを会話をつなぐ言葉を教えます。

小学 **3**年 　 *su ra su ra ei kai wa*
すらすら英会話 ⑧

これは何？

> **Check it out!**

まん中の線で折って，言えるかどうかやってみよう！
言えたら，□に✓を入れましょう。

□ ① これは何ですか？

　　　それは，動物です。

❶ What's this?

　　It's an animal.

□ ② わかりません。

　　　ヒントをください。

❷ I don't know.

　　Hint, please.

□ ③ あたり！

　　　あなたの番です。

❸ That's right.

　　It's your turn.

> **ぜんぶ言えたかな？**

　　言えた　　　　**だいたい言えた**　　　**もう少し**

47

Chapter 3

9 あなたは誰？ "Let's Try! 1" Unit 9
Who are you? — Are you an animal?

本単元の目標 既習表現を使いながら「あなたは〜ですか？」の表現に慣れ親しむ。

Small Talk （10分）

　動物カードを裏向きで黒板に貼っていきます。代表児童1名は，その中からカードを1枚選びます。そしてカードに描かれている動物になりきります。教師が質問し，代表児童が答え，そのQAを聞いて，クラスのみんなは何の動物か当てていきます。

HRT：Are you big?	**S1**：No, I'm not.
HRT：Are you cute?	**S1**：Yes, I am.
HRT：Are you white?	**S1**：Yes. White, brown, black....
HRT：Are you dangerous?	**S1**：No, I'm not.
HRT：Are you small?	**S1**：No, I'm not. I'm medium.

すらすら英会話 （6分）

①真ん中の線で折って，言えるか確認します。
②折った状態で，隣のペアと会話をします。

Let's Talk （20分）

　動物カード，果物カード，野菜カードを配りますので，そのものになりきって，ペアで当てっこをします。当たったらカードを交換して，違う人とやります。

　＜モデル英会話＞
　　S1：Hello, Yoshiko.
　　S2：Hi, Hiroto. Who are you?
　　S1：I'm a fruit.
　　S2：Are you red?
　　S1：Yes, I am. And green on the top.
　　S2：Are you a strawberry?

授業づくりのポイント 児童は体験的に学んだ言葉は，自然と使えます。例えば，「気持ち悪い」という単語もヘビの写真を見せたら，It's scary. と自然と児童から出るのではないでしょうか。

あなたは誰？

> **Check it out!**
> まん中の線で折って，言えるかどうかやってみよう！
> 言えたら，□に✓を入れましょう。

□ ① あなたは誰ですか。　　　　　　❶ Who are you?

□ ② 私は動物です。　　　　　　　　❷ I am an animal.

□ ③ あなたは大きいですか。　　　　❸ Are you big?

□ ④ はい。　　　　　　　　　　　　❹ Yes, I am.

　　いいえ。　　　　　　　　　　　　No, I'm not.

　　小さな耳を持っています。　　　　I have small ears.

□ ⑤ カバですか？　　　　　　　　　❺ Are you a hippo?

> **ぜんぶ言えたかな？**

　　言えた　　　　だいたい言えた　　　　もう少し

49

小3のまとめ すらすら英会話

じこしょうかい

- ① 私の名前はユミです。
- ② ぼくは，たけしです。
- ③ よろしくね。
- ④ こちらこそよろしくね。
- ⑤ 私は，北海道の出身です。
- ⑥ ヒロ君，元気？
- ⑦ 元気だよ。
- ⑧ リンゴは何個？
- ⑨ リンゴを5つ持っています。

① My name is Yumi.
② I'm Takeshi.
③ Nice to meet you.
④ Nice to meet you, too.
⑤ I'm from Hokkaido.
⑥ How are you, Hiro?
⑦ I'm fine. Thank you.
⑧ How many apples?
⑨ I have five apples.

好きなもの

- ⑩ 野菜は好き？
- ⑪ はい。なすが好きです。
- ⑫ 私はなすは好きじゃない。
- ⑬ 赤色は好き？
- ⑭ いいえ。黄色が好きです。
- ⑮ あなたは何色が好きですか？
- ⑯ 私はピンクが好き。

⑩ Do you like vegetables?
⑪ Yes, I do. I like eggplants.
⑫ I don't like eggplants.
⑬ Do you like red?
⑭ No, I don't. I like yellow.
⑮ What color do you like?
⑯ I like pink.

かっている動物

- ⑰ ペットをかっていますか。
- ⑱ はい。
- ⑲ 何をかっているの？
- ⑳ ネコをかっています。
- ㉑ 何びきかっているの？

⑰ Do you have pets?
⑱ Yes, I do.
⑲ What pets do you have?
⑳ I have cats.
㉑ How many cats?

欲しいもの

- ㉒ あなたは何が欲しい？
- ㉓ 緑色の丸が欲しい。
- ㉔ これをあなたにあげます。
- ㉕ どうぞ。
- ㉖ ありがとう。

㉒ What do you want?
㉓ I want a green circle.
㉔ This is for you.
㉕ Here you are.
㉖ Thank you.

これは何？

- ㉗ これは何ですか？
- ㉘ それは鉛筆です。
- ㉙ あなたは誰ですか。
- ㉚ 私は動物です。
- ㉛ あなたは大きいですか。
- ㉜ はい。

㉗ What's this?
㉘ It's a pencil.
㉙ Who are you?
㉚ I am an animal.
㉛ Are you big?
㉜ Yes, I am.

Chapter 4

小学4年で慣れ親しませたい
「すらすら英会話」

Chapter 4

1 好きなものをたずね合おう "Let's Try! 2" Unit 1
I like cats. Do you like cats? — Yes, I do. I have one cat.

▶● **本単元の目標** 小学校３年生で学習した英語を使って，新しい友達に自分のことを紹介する。

▶● **Small Talk** （5分）

今まで学んだ表現を用いて，教師が自己紹介をします。

HRT : Hello. I'm Manami. ←（名前） I'm from Saitama. ←（出身地） I like ice cream. I like vanilla. I don't like chocolate. ←（食べ物） I have one sister. I don't have brothers. ←（家族） I want a big Mickey doll. ←（欲しいもの） Thank you. Do you have any questions? ←（質問を受け付ける） **S1** : Do you like sports? **HRT** : Yes, I do. I like basketball.

▶● **すらすら英会話** （6分）

①真ん中の線で折って，言えるか確認します。

②折った状態で，隣のペアと会話をします。

▶● **Let's Talk** （8分）

友達に自分のことを紹介しよう。

＜モデル英会話＞ **S1** : Hello. My name is Hiroshi. I'm from Nishi-machi. I like baseball. I want a glove. I have one brother. I like ramen. I don't like soba. Nice to meet you. **S2** : What color do you like? **S1** : I like yellow.

▶● **授業づくりのポイント** 自己紹介しやすいように，いくつかトピックを黒板に貼っておくとよいでしょう。（例：名前，出身地，好きな食べ物・スポーツ，飼っているペット，欲しいもの）

52

小学**4**年

すらすら英会話 ①

su ra su ra ei kai wa

好きなものをたずね合おう

▶ Check it out!

まん中の線で折って，言えるかどうかやってみよう！
言えたら，□に✓を入れましょう。

□ ① 私はまなみです。
❶ I'm Manami.

□ ② 埼玉の出身です。
❷ I'm from Saitama.

□ ③ 私はアイスクリームが好き。
❸ I like ice cream.

□ ④ メロンは好きではない。
❹ I don't like melons.

□ ⑤ 私には姉が1人います。
❺ I have one sister.

▶ 全部言えたかな？

言えた　　　　だいたい言えた　　　　もう少し

53

Chapter 4

2 天候をたずねよう "Let's Try! 2" Unit 2
How is the weather? — It's sunny. Let's play baseball.

>• **本単元の目標** 天候表現を学び，友達を遊びに誘おう。

>• **Small Talk** （4分）

天気を聞きながら，児童に何をしたいかのトピックで語り掛けます。

HRT ：Hello. How are you?
Ss ：I'm fine thank you. How are you?
HRT ：I'm good. How is the weather today?
Ss ：It's sunny.
HRT ：What do you want to play?
S1 ：Let's play dodgeball.
S2 ：Let's play tag.
S3 ：Let's snake janken.
HRT ：Tomorrow it will rain. What do you want to do?
S1 ：Let's play "Green light. Red light".

>• **すらすら英会話** （6分）

①真ん中の線で折って，言えるか確認します。

②折った状態で，隣のペアと会話をします。

>• **Let's Talk** （4分）

いろいろな天気を予想して，友達と自由に会話しましょう。

＜モデル英会話＞
S1 ：Hello. How is the weather?
S2 ：It's snowy.
S1 ：Let's make a snowman.
S2 ：Yes, let's! Let's go.

>• **授業づくりのポイント** "Let's Try! 2" には，Put on a hat. のような表現もあります。そこで，ただ単純に Let's play〜. だけでなく，晴れていれば Let's put on a cap. と言える児童を育てたいですね。

54

天候をたずねよう

> **Check it out!**

まん中の線で折って，言えるかどうかやってみよう！
言えたら，□に✓を入れましょう。

□ ① 天気はどう？　　　　　　　❶ How is the weather?

□ ② 晴れだよ。　　　　　　　　❷ It's sunny.

　　晴れの日が好きだな。　　　　　I like sunny days.

□ ③ 野球しよう。　　　　　　　❸ Let's play baseball.

□ ④ うん，やろう！　　　　　　❹ Yes, let's.

> **全部言えたかな？**

　　　言えた　　　　だいたい言えた　　　　もう少し

Chapter 4

3 何曜日が好き？ **"Let's Try! 2" Unit 3**

What day is it?
— It's Sunday. What do you do on Mondays?

> **本単元の目標** 自分の好きな曜日を友達と伝え合い，その理由も付け加えようとする。

> **Small Talk** （4分）

好きな曜日とその理由を考えるところからスモールトークが始まります。

HRT：Hello. What day is it?
S1：It's Tuesday.
HRT：Do you like Tuesdays?
S1：No.
HRT：What day do you like?
S1：I like Sundays.
HRT：Why?
S1：I have soccer games.

> **すらすら英会話** （6分）

①真ん中の線で折って，言えるか確認します。

②折った状態で，隣のペアと会話をします。

> **Let's Talk** （8分）

好きな曜日と理由で，友達のことをよく知ろう。

＜モデル英会話＞
S1：Hello. What day is it?
S2：It's Wednesday. Do you like Wednesdays?
S1：So so. How about you?
S2：I like Mondays.
S1：Why?
S2：I meet my friends!

> **授業づくりのポイント** コミュニケーションは information gap があって成立します。好きな曜日は一人一人違い，またその理由も様々です。友達理解の単元にもなりますね。

小学**4**年 *su ra su ra ei kai wa*
すらすら英会話 ❸

何曜日が好き？

▶ Check it out!

まん中の線で折って，言えるかどうかやってみよう！
言えたら，□に✓を入れましょう。

□ ① 今日は何曜日？   ❶ What day is it today?

□ ② 火曜日だよ。   ❷ It's Tuesday.

□ ③ 何曜日が好き？   ❸ What day do you like?

□ ④ 私は金曜日が好き。   ❹ I like Fridays.

□ ⑤ なんで？   ❺ Why?

□ ⑥ 水泳があるんだ。   ❻ I have a swimming school.

▶ 全部言えたかな？

言えた   だいたい言えた   もう少し

Chapter 4

4 何時ですか？ "Let's Try! 2" Unit 4

What time is it? — It's 3 p.m. It's " Snack Time. "

>• **本単元の目標** 自分の好きな時間帯を友達と伝え合い，その理由も付け加えようとする。

>• **Small Talk** （4分）

好きな時間帯とその理由が言えるかどうか，スモールトークします。

HRT：What time is it?

　S1：It's 10:44.

HRT：Yes! It's English Time. I like English Time. Do you like English Time?

　S1：No.

HRT：What time do you like, S1?

　S1：I like 9:50.

HRT：Why?

　S1：It's P.E. Time.

>• **すらすら英会話** （6分）

①真ん中の線で折って，言えるか確認します。

②折った状態で，隣のペアと会話をします。

>• **Let's Talk** （8分）

好きな時間帯を聞いて，その理由も尋ねよう。

＜モデル英会話＞

　S1：Hello. What time do you like?

　S2：I like 9 p.m.

　S1：Really? Why?

　S2：It's Bed Time. How about you?

　S1：I like 12:40. It's Lunch Time.

>• **授業づくりのポイント** 児童の Small Talk の充実のためには，基本表現の意図的な繰り返しと，会話と会話をつなぐ「ひとくち英語」の活用になります。時々チェックしましょう。

何時ですか？

● **Check it out!**

まん中の線で折って，言えるかどうかやってみよう！
言えたら，□に✓を入れましょう。

□ ① 何時ですか？ | ❶ What time is it?

□ ② 午前11時です。 | ❷ It's 11 a.m.

□ ③ 起きるのは何時？ | ❸ What time is your "Wake Up Time"?

□ ④ 6時30です。 | ❹ It's 6:30.

□ ⑤ どの時間が好き？ | ❺ What time do you like?

□ ⑥ 午後9時。 | ❻ I like 9 p.m.

● **全部言えたかな？**

言えた　　　だいたい言えた　　　もう少し

59

Chapter 4

5 ～はありますか？　"Let's Try! 2" Unit 5
Do you have ～? ― Yes, I do. / No, I don't.

本単元の目標 持っているものを尋ねたり，答えたりする。

Small Talk （4分）

ペンケースに入っているものとその数を尋ねながら，学習についてのルールを確認します。

HRT：Do you have red pencils?
Ss：Yes, I do.
HRT：How many red pencils do you have?
S1：Two.
HRT：Good. Do you have a mini ruler?
Ss：Yes, I do.
HRT：How many?
S2：One.

すらすら英会話 （6分）

①真ん中の線で折って，言えるか確認します。
②折った状態で，隣のペアと会話をします。

Let's Talk （8分）

友達が持っているもの，いくつ持っているかを尋ね，友達をよく知りましょう。

＜モデル英会話＞
S1：Hello, Maki.
S2：Hi, Ken.
S1：Do you have pets?
S2：Yes, I do. I have rabbits.
S1：How many rabbits do you have?
S2：I have two rabbits.

授業づくりのポイント Do you like～? については，かなりの割合で児童に定着し，コミュニケーション活動でも活発に言えています。Do you have～? もそれと同じくらい定着させたいですね。

60

〜はありますか？

> **Check it out!**
> まん中の線で折って，言えるかどうかやってみよう！
> 言えたら，□に✓を入れましょう。

☐ ① 消しゴムある？　｜　❶ Do you have erasers?

☐ ② はい。／いいえ。　｜　❷ Yes, I do. / No, I don't.

☐ ③ ペットを飼っていますか。　｜　❸ Do you have pets?

☐ ④ 何を飼っていますか？　｜　❹ What pet do you have?

☐ ⑤ 私は犬を2ひき飼っています。　｜　❺ I have two dogs.

> **全部言えたかな？**

　　言えた　　　　だいたい言えた　　　　もう少し

Chapter 4

6 アルファベットの小文字 "Let's Try! 2" Unit 6
I have three letters. — Do you have 'a's? — Yes, I do.

>• **本単元の目標** 持っているものを尋ねたり，答えたりする。

>• **Small Talk** （2分）

黒板に色カードを貼っていきます。色カードの下には英語でスペリングが書いてあります。

HRT：What color do you like?
S1：I like pink.
HRT：Pink?
S1：Yes. What color do you like?
HRT：Please guess. What color do I like?
S1：Blue.　　**S2**：Yellow.　　**S3**：Red.
HRT：I'll give you a hint. I have 6 letters. （と言って，6つ下線を引く）
You can ask me, "Do you have an 'a'?
S1：Do you have an 'o'?
HRT：Yes, I do. （と言いながら，先生の好きな色を当てていく）

>• **すらすら英会話** （6分）

①真ん中の線で折って，言えるか確認します。

②折った状態で，隣のペアと会話をします。

>• **Let's Talk** （8分）

スペリングゲームで相手の好きな動物を当てよう。

＜モデル英会話＞	
S1：How many letters?	**S2**：5 letters.
S1：Do you have a 'p'?	**S2**：No, I don't.
S1：Do you have a 'h'?	**S2**：Yes, I do.
S1：I know! Do you have an 'e'?	**S2**：Yes, I do.

>• **授業づくりのポイント** クイズはわかるかわからないか，ちょうどよい難易度が，児童の集中を引きます。動物名でクイズ合戦はどうでしょうか。

小学4年 すらすら英会話 ❻

アルファベットの小文字

▶ **Check it out!**

まん中の線で折って，言えるかどうかやってみよう！
言えたら，□に✓を入れましょう。

□ ① 何文字ですか？ | ❶ How many letters?

□ ② 6文字です。 | ❷ Six letters.

□ ③ bという文字はありますか。 | ❸ Do you have a 'b'?

□ ④ はい。／いいえ。 | ❹ Yes, I do. / No, I don't.

□ ⑤ bは何個ありますか？ | ❺ How many 'b's?

□ ⑥ 2つbがあります。 | ❻ Two 'b's.

□ ⑦ 「うさぎ」ですね。 | ❼ It's a "rabbit".

□ ⑧ あたり！ | ❽ That's right.

▶ **全部言えたかな？**

言えた　　　　だいたい言えた　　　　もう少し

Chapter 4

7 何にする？ "Let's Try! 2" Unit 7
What do you want?
— I want orange juice. — This is for you.

➤• **本単元の目標** 欲しいものを尋ねたり，答えたりする。

➤• **Small Talk** （4分）

レストランのドリンクバーの写真を見せながら，スモールトークをします。

HRT：Look at this.	
S1：あっ，ドリンクバーだ。	
HRT：Yes. What drink is this?	
S1：Orange juice.	
HRT：Yes. Many drinks. What do you want?	
S2：I want hot cocoa. It's sweet.	
HRT：How about you, Yuki? What do you want?	
S3：I want mixed juice. It's healthy.	

➤• **すらすら英会話** （6分）

①真ん中の線で折って，言えるか確認します。

②折った状態で，隣のペアと会話をします。

➤• **Let's Talk** （8分）

メニューを見て，何を注文するか友達と会話しよう。

＜モデル英会話＞

S1：Hello. How are you?	**S2**：Oh, I'm fine. How are you?
S1：I'm hungry.	**S2**：Let's go to a restaurant.
S1：Yes, let's.	**S2**：What do you want?
S1：I want mushroom pizza. It's yummy.	**S2**：I want salad udon. It's healthy.
S1：モグモグ	**S2**：モグモグ　Bye!

➤• **授業づくりのポイント** 学習指導要領には「身近な話題」という言葉が出てきます。学習する表現が身近な場面で使えることを体験的に理解してもらうための話材探しは大切な教材研究です。

何にする?

> **Check it out!**
> まん中の線で折って、言えるかどうかやってみよう！
> 言えたら、□に✓を入れましょう。

□ ① おなかがすいた。 | ❶ I'm hungry.

□ ② レストランに行こう。 | ❷ Let's go to a restaurant.

□ ③ うん。行こう！ | ❸ Yes, let's.

□ ④ 何が欲しい？ | ❹ What do you want?

□ ⑤ サンドウイッチがいい。 | ❺ I want a sandwich.

□ ⑥ 健康にいいですね。 | ❻ It's healthy.

> **全部言えたかな？**

言えた　　　だいたい言えた　　　もう少し

65

Chapter 4

8 あなたのお気に入りは？ "Let's Try! 2" Unit 8
What is your favorite place?
— My favorite place is the gym.

>• **本単元の目標** 一番のお気に入りを尋ねたり，答えたりする。

>• **Small Talk** （4分）

黒板に日本食の写真を貼りながら，どんな日本食があるか児童と共有します。

HRT：Japanese food. This is tempura. What's this?	**Ss**：Sushi!
HRT：Yes. Do you like sushi?	**Ss**：Yes.
HRT：What sushi do you like?	**S1**：I like *uni*.
HRT：Great. Well, tempura, sushi....	
The other Japanese foods?	**S2**：*Natto*.
HRT：Nice. What Japanese food do you like?	**S3**：I like *oden*. How about you?
HRT：I like all Japanese foods.	
But my favorite Japanese food is ... *natto*!	**Ss**：Really?

>• **すらすら英会話** （6分）

①真ん中の線で折って，言えるか確認します。

②折った状態で，隣のペアと会話をします。

>• **Let's Talk** （8分）

①日本食 ②ラーメン（味噌，醤油，塩，とんこつ）の種類 ③レストラン ④おでんの具
⑤教室 などをトピックに，好きなことについて会話しよう。

＜モデル英会話＞	
S1：Do you like ramen?	**S2**：Yes, I do.
S1：What's your favorite ramen?	**S2**：My favorite ramen is miso.
	How about you?
S1：My favorite ramen is shio ramen.	**S2**：Why?
S1：It's delicious.	

>• **授業づくりのポイント** 授業は教師の理想と児童の現実との差を埋めることを指します。児童同士のスモールトークの理想形を教師がしっかりイメージし，英語力を評価していきましょう。

66

小学**4**年 **すらすら英会話 ⑧**

あなたのお気に入りは？

>**Check it out!**

まん中の線で折って，言えるかどうかやってみよう！
言えたら，□に✓を入れましょう。

□ ① 一番好きな場所はどこ？

❶ What's your favorite place?

□ ② 好きな場所は教室です。

❷ My favorite place is my classroom.

□ ③ なぜなら，友達が好きだからです。

❸ Because I like my friends.

□ ④ 一番好きな果物は何？

❹ What is your favorite fruit?

□ ⑤ いちごが一番好きです！

❺ My favorite fruit is strawberries.

>**全部言えたかな？**

言えた　　　　だいたい言えた　　　　もう少し

67

Chapter 4

9 私は10時に寝ます "Let's Try! 2" Unit 9
I go to bed at 10 p.m. — How about you?

● 本単元の目標 持っているものを尋ねたり，答えたりする。

● Small Talk （5分）

黒板に日課の表現を表す絵を貼りながら，教師の一日を紹介します。

> **HRT**：At 5 a.m. ... I wake up. I wash my face. I make my bed.
>
> At 6, I have breakfast. I check my bag.
>
> At 6:45, I leave my house.
>
> At 7:10, I go to school.
>
> At 7 p.m. I go home. I take a bath. I have dinner.
>
> At 11, I go to bed.
>
> What is your day?

● すらすら英会話 （6分）

①真ん中の線で折って，言えるか確認します。
②折った状態で，隣のペアと会話をします。

● Let's Talk （8分）

あなたの一日を英語で紹介しよう。

> ＜モデル英会話＞
> **S1**：Hello. This is my day. I wake up at 6:30. I wash my face. I put away my futon.
> I have breakfast at 7:00. I brush my teeth. I leave my house at 7:30.
> I go to school at 8:00. I go home at 5:00. I have dinner at 6:30.
> I watch TV. I play games. I go to bed at 9:00.
> **S2**：What do you like for breakfast?
> **S1**：I like bread.

● 授業づくりのポイント 学習指導要領では，話すことを「やり取り」と「発表」の２つの領域に分けています。今回は，「私の一日」ということで，これは発表になります。

私は10時に寝ます

Check it out!

まん中の線で折って、言えるかどうかやってみよう！
言えたら、□に✓を入れましょう。

□ ① 私は6時に目をさまします。	❶ I wake up at 6:00.
□ ② 私は7時に朝食を食べます。	❷ I have breakfast at 7:00.
□ ③ 私は7時半に家を出ます。	❸ I leave home at 7:30.
□ ④ 私は8時に学校に行きます。	❹ I go to school at 8:00.
□ ⑤ 私は4時半に家に帰ります。	❺ I go home at 4:30.
□ ⑥ 私は7時に夕食を食べます。	❻ I have dinner at 7:00.
□ ⑦ 私は10時に寝ます。	❼ I go to bed at 10:00.

全部言えたかな？

言えた　　　だいたい言えた　　　もう少し

小4の まとめ すらすら英会話
su ra su ra ei kai wa

じこしょうかい

- [ ] ① 私はまなみです。
- [ ] ② 埼玉の出身です。
- [ ] ③ 私はアイスクリームが好き。
- [ ] ④ メロンは好きではない。
- [ ] ⑤ 私には姉が1人います。

天気

- [ ] ⑥ 天気はどう？
- [ ] ⑦ 晴れだよ。晴れの日が好きだな。
- [ ] ⑧ 野球しよう。
- [ ] ⑨ うん，やろう！

曜日

- [ ] ⑩ 今日は何曜日？
- [ ] ⑪ 火曜日だよ。
- [ ] ⑫ 何曜日が好き？
- [ ] ⑬ 私は金曜日が好き。
- [ ] ⑭ なんで？
- [ ] ⑮ 水泳があるんだ。

何時？

- [ ] ⑯ 何時ですか？
- [ ] ⑰ 午前11時です。
- [ ] ⑱ 起きるのは何時？
- [ ] ⑲ 6時30です。
- [ ] ⑳ どの時間が好き？
- [ ] ㉑ 午後9時。

持っているもの

- [ ] ㉒ 消しゴムある？
- [ ] ㉓ はい。／いいえ。
- [ ] ㉔ ペットを飼っていますか。
- [ ] ㉕ 何を飼っていますか？
- [ ] ㉖ 私は犬を2ひき飼っています。

- ① I'm Manami.
- ② I'm from Saitama.
- ③ I like ice cream.
- ④ I don't like melons.
- ⑤ I have one sister.

- ⑥ How is the weather?
- ⑦ It's sunny. I like sunny days.
- ⑧ Let's play baseball.
- ⑨ Yes, let's.

- ⑩ What day is it today?
- ⑪ It's Tuesday.
- ⑫ What day do you like?
- ⑬ I like Fridays.
- ⑭ Why?
- ⑮ I have a swimming school.

- ⑯ What time is it?
- ⑰ It's 11 a.m.
- ⑱ What time is your "Wake Up Time"?
- ⑲ It's 6:30.
- ⑳ What time do you like?
- ㉑ I like 9 p.m.

- ㉒ Do you have erasers?
- ㉓ Yes, I do. / No, I don't.
- ㉔ Do you have pets?
- ㉕ What pet do you have?
- ㉖ I have two dogs.

小4の まとめ すらすら英会話

たんごクイズ

- ☐ ㉗ 何文字ですか？
- ☐ ㉘ 6文字です。
- ☐ ㉙ bという文字はありますか。
- ☐ ㉚ はい。／いいえ。

㉗ How many letters?

㉘ Six letters.

㉙ Do you have a 'b'?

㉚ Yes, I do. / No, I don't.

欲しいもの

- ☐ ㉛ おなかがすいた。
- ☐ ㉜ レストランに行こう。
- ☐ ㉝ うん。行こう！
- ☐ ㉞ 何が欲しい？
- ☐ ㉟ サンドウイッチがいい。
- ☐ ㊱ 健康にいいですね。

㉛ I'm hungry.

㉜ Let's go to a restaurant.

㉝ Yes, let's.

㉞ What do you want?

㉟ I want a sandwich.

㊱ It's healthy.

大好きな場所

- ☐ ㊲ 一番好きな場所はどこ？
- ☐ ㊳ 好きな場所は教室です。
- ☐ ㊴ なぜなら，友達が好きだからです。

㊲ What's your favorite place?

㊳ My favorite place is my classroom.

㊴ Because I like my friends.

私の一日

- ☐ ㊵ 私は6時に目をさまします。
- ☐ ㊶ 私は7時に朝食を食べます。
- ☐ ㊷ 私は7時半に家を出ます。
- ☐ ㊸ 私は8時に学校に行きます。
- ☐ ㊹ 私は4時半に家に帰ります。
- ☐ ㊺ 私は7時に夕食を食べます。
- ☐ ㊻ 私は10時に寝ます。

㊵ I wake up at 6:00.

㊶ I have breakfast at 7:00.

㊷ I leave home at 7:30.

㊸ I go to school at 8:00.

㊹ I go home at 4:30.

㊺ I have dinner at 7:00.

㊻ I go to bed at 10:00.

Chapter 5

小学5年で定着させたい
「すらすら英会話」

Chapter 5

1 英語 de! 自己紹介をしよう "We Can! 1" Unit 1
I'm Takeru. T-a-k-e-r-u. Takeru. I like ramen.

> **本単元の目標** 小学校4年生までに学習した英語を使って, 新しい友達に自分のことを紹介する。

> **Small Talk** （5分）

今までに学んだ多くの表現を用いて, 教師が児童に質問していきます。

HRT：Hello. What Japanese food do you like?	**S1**：I like sushi.
HRT：What is your favorite sushi?	**S1**：My favorite sushi is tuna.
HRT：Oh, me too. I like tuna too.	
Do you play sports, S2?	**S2**：Yes, I do. I play baseball.
HRT：Are you a good player?	**S2**：Yes, I am. Do you play baseball?
HRT：No, I don't. I used to.（昔ね！）	
Do you have brothers and sisters?	**S3**：Yes. I have sisters.
HRT：How many sisters do you have?	**S3**：I have two sisters.
HRT：I see. Are you friendly?（仲良し？）	**S3**：Yes.

> **すらすら英会話** （6分）

①真ん中の線で折って, 言えるか確認します。
②折った状態で, 隣のペアと会話をします。

> **Let's Talk** （8分）【話すこと：発表】

①好きなもの（like）　②持っているもの（have）　③欲しいもの（want）　④するスポーツ・楽器（play）　⑤その他　などのトピックで, 自分を紹介してみよう。

<モデル英会話>
　　S1：Hello. My name is Hiroshi. H-i-r-o-s-h-i. Hiroshi.　I'm from Nishi-machi. I play
　　　　baseball. I want a new glove. I have one brother. I like ramen. I don't like soba.
　　　　My favorite ramen is miso ramen. Nice to meet you.
　　S2：Hi. I'm Miyuki. M-i-y-u-k-i. Miyuki. I like swimming. My favorite food is ....

> **授業づくりのポイント** 自己紹介しやすいように, いくつかトピックを黒板に貼っておくとよいでしょう。

英語 de! 自己紹介をしよう

> Check it out!

友達と会話をしてみましょう。だんだんと見ないで
言えるようになったら，自分のことで答えてみましょう。

□ ① あなたの名前は何ですか。　　　❶ What is your name?

□ ② 私の名前はマキです。　　　　　❷ My name is Maki.

□ ③ よろしくね。　　　　　　　　　❸ Nice to meet you.

□ ④ こちらこそ，よろしく。　　　　❹ Nice to meet you too.

□ ⑤ 「マキ」はどう書くのですか。　 ❺ How do you spell "Maki"?

□ ⑥ M-a-k-i. マキです。　　　　　　❻ M-a-k-i. Maki.

> 全部言えるかな？

　　　言える　　　　まあまあ　　　　まだまだ

75

Chapter 5

2 誕生日はいつ？ "We Can! 1" Unit 2

When is your birthday? — My birthday is November 6th.

＞ 本単元の目標 誕生日や年齢を尋ねたり，答えたりすることができる。

＞ Small Talk （5分）

誕生日や年齢を話題に，誕生日に欲しいものなどを尋ねます。

HRT：Hello. What is the date today?	Ss：It's May 10th.
HRT：When is your birthday?	S1：My birthday is May 3rd.
HRT：Oh, happy birthday. How old are you?	S1：I'm 11 years old.
HRT：How about you, Ken? When is your birthday?	S2：My birthday is July 21st.
HRT：Oh. How old are you now?	S2：I'm 10 years old.
HRT：What do you want for your birthday?	S2：I want a new pencil case.

＞ すらすら英会話 （6分）

①真ん中の線で折って，言えるか確認します。

②折った状態で，隣のペアと会話をします。

＞ Let's Talk （8分）【話すこと：やり取り】

誕生日をトピックに友達と1分間，英語で話を続けましょう。

＜モデル英会話＞

S1：When is your birthday, Miki?

S2：My birthday? It's October 10th. I'm 10 years old now. How old are you?

S1：Me too. I'm 10. My birthday is March 21st.

S2：March 21st? Oh, you are very young.

S1：What do you want for your birthday?

S2：I want a music CD. I like ARASHI very much.

S1：Me too. I like O-chan.

＞ 授業づくりのポイント 高学年では，児童同士のスモールトークを継続し，高めていくために適切な自己評価を入れることがポイントとなります。

小学 **5**年 su ra su ra ei kai wa
すらすら英会話 ❷

誕生日はいつ?

> **Check it out!**

友達と会話をしてみましょう。だんだんと見ないで
言えるようになったら,自分のことで答えてみましょう。

□ ① あなたの誕生日はいつですか。 ❶ When is your birthday?

□ ② 私の誕生日は7月21日です。 ❷ My birthday is July 21st.

□ ③ あなたは何才ですか。 ❸ How old are you?

□ ④ 私は11才です。 ❹ I'm 11 years old.

□ ⑤ 誕生日には何が欲しいですか。 ❺ What do you want for your birthday?

□ ⑥ 私は新しいくつが欲しいです。 ❻ I want new shoes.

> **全部言えるかな?**

言える　　　　まあまあ　　　　まだまだ

77

Chapter 5

3

月曜日は何をしますか？　"We Can! 1" Unit 3
What do you do on Mondays? — I go to swimming school.

>• 本単元の目標　好きな教科や将来の夢から，夢の時間割とその理由を伝えることができる。

>• Small Talk　（4分）

将来のなりたい職業のためにどんな勉強をしたいのか，尋ねていきます。

> **HRT**：How many classes do you have on Mondays?
> **Ss**：We have 5 classes.
> **HRT**：What are the subjects?
> **Ss**：Japanese, math, P.E., music and social studies.
> **HRT**：What is your favorite subject?
> **S1**：My favorite subject is math. It's interesting.
> **HRT**：What do you want to be?
> **S1**：I want to be a lawyer.

>• すらすら英会話　（6分）

①真ん中の線で折って，言えるか確認します。

②折った状態で，隣のペアと会話をします。

>• Let's Talk　（8分）【話すこと：発表】

オリジナルな時間割を発表しよう。

> ＜モデル英会話＞
> **S1**：Hello. I'm Makoto. I want to be a pilot. This is my schedule. I have 6 classes.
> English, English, social studies, P.E., homeroom and English. I have three
> English classes. I need English classes to be a pilot. Thank you.
> **S2**：That's nice!

>• 授業づくりのポイント　発表後，できれば児童からの質問タイムを設け，学習指導要領（外国語：話すこと）の目標である「その場で質問をしたり質問に答えたり」につなげていきましょう。

78

月曜日は何をしますか？

> **Check it out!**

友達と会話をしてみましょう。だんだんと見ないで
言えるようになったら，自分のことで答えてみましょう。

- □ ① あなたの好きな教科は？
- ❶ What subjects do you like?

- □ ② 英語と数学が好きです。
- ❷ I like English and math.

- □ ③ 月曜日は何時間？
- ❸ How many classes do you have on Mondays?

- □ ④ 5時間です。
- ❹ We have 5 classes.

- □ ⑤ 何の授業があるの？
- ❺ What classes do you have?

- □ ⑥ 体育に音楽，理科，社会，国語です。
- ❻ We have P.E., music, science, social studies and Japanese.

> **全部言えるかな？**

言える　　　まあまあ　　　まだまだ

Chapter 5

4 家での様子を教えて "We Can! 1" Unit 4

What time do you usually get up?
— I usually get up at 6:00.

> **本単元の目標** 一日の日課に関する質問をしたり，質問に答えたりすることができる。

> **Small Talk** （4分）

家での手伝いや，いつ勉強するのかなど，話題にしてみましょう。

HRT : What time do you get up?

S1 : I usually get up at 6:00. On Sundays I get up 7:30. How about you?

HRT : I get up at 5:00. On Sundays I get up 6:30???

What do you do for your family?

S2 : I get the newspaper every morning.

S3 : I clean my front door.

S4 : I wash dishes.

HRT : Great. When do you do your homework? Do you do after dinner or before dinner?

S5 : I do before dinner.

> **すらすら英会話** （6分）

①真ん中の線で折って，言えるか確認します。

②折った状態で，隣のペアと会話をします。

> **Let's Talk** （8分）【話すこと：発表】

一日の様子を英語で伝えましょう。

＜モデル英会話＞

S1 : Hello. I'm Yumi. I usually get up at 6:00. I walk my dog and have breakfast.
I leave my house at 7:30. I go to school at 8:10. I go home about 4 p.m. I play
with my friends. I do homework. I have dinner at 7:00. I go to bed at 9:00.

S2 : What's your favorite TV program?

> **授業づくりのポイント** 発表では，視覚情報を持たせ，あらかじめ一日の行動をイラストに描かせるなど発表カードを作って，見せながら行うとよいでしょう。

家での様子を教えて

> **Check it out!**

友達と会話をしてみましょう。だんだんと見ないで言えるようになったら，自分のことで答えてみましょう。

☐ ① あなたは何時に起きますか。　　❶ What time do you get up?

☐ ② 私はたいてい6時に起きます。　❷ I usually get up at 6:00.

☐ ③ 家族のために何をしますか。　　❸ What do you do for your family?

☐ ④ 私はお風呂を洗います。　　　　❹ I clean the bathtub.

> **全部言えるかな？**

　　　言える　　　　まあまあ　　　　まだまだ

Chapter 5

5 できる？できない？ "We Can! 1" Unit 5
This is my friend. He can run fast. He can play baseball.

> **本単元の目標**　can を使って，友達のよさを紹介することができる。

> **Small Talk**　（4分）

少しでもできることがあったら，I can.... で自分を紹介します。

HRT :	Please tell me about yourself. What can you do?
S1 :	I can swim fast.
HRT :	Do you go to swimming school?
S1 :	Yes, I do. I go to swimming school on Wednesdays and Saturdays.
HRT :	Do you like swimming?
S1 :	Yes, I do.
HRT :	Thank you. How about you, Kenta? What can you do?
S2 :	I can ride a unicycle.
HRT :	Really?
S2 :	Can you ride a unicycle?
HRT :	No, I can't.

> **すらすら英会話**　（6分）

①真ん中の線で折って，言えるか確認します。
②折った状態で，隣のペアと会話をします。

> **Let's Talk**　（8分）【話すこと：発表】

友達のよいところを，can を使って紹介しよう。

＜モデル英会話＞
> **S1** : Hello. I'm Hiro. This is my friend, Kenta. He can play baseball very well. He
> 　　can run fast too. He is a good baseball player. He is kind too.
> **S2** : Can he swim?

> **授業づくりのポイント**　本時の発表までに，最終イメージを教師が思い浮かべ，発表で使われそうな表現を，第1時からの授業で意図的に繰り返し指導しながら，慣れ親しませていきます。

小学5年 すらすら英会話 ⑤

できる？できない？

> **Check it out!**

友達と会話をしてみましょう。だんだんと見ないで
言えるようになったら，自分のことで答えてみましょう。

☐ ① あなたができることは何？ 　　❶ What can you do?

☐ ② 私(わたし)は将棋(しょうぎ)ができます。 　　❷ I can play *shogi*.

☐ ③ 朝早く起きられますか。 　　❸ Can you get up early?

☐ ④ はい。／いいえ。 　　❹ Yes, I can./ No, I can't.

> 全部言えるかな？

　　言える　　　　まあまあ　　　　まだまだ

Chapter 5

6 どこに行きたい？ "We Can! 1" Unit 6

Where do you want to go? — I want to go to Italy.

➤ **本単元の目標** 自分が行きたい国とその理由を言うことができる。

➤ **Small Talk** （4分）

一人一人，行きたい場所や行きたい理由は違うでしょう。児童の思いを引き出しましょう。

> HRT：Where do you want to go?
> S1 ：I want to go to Thailand.
> HRT：Why?
> S1 ：Because I want to ride on an elephant. I can't ride on it in Japan. So it is exciting.
> S2 ：I want to go to England and Canada.
> HRT：Why?
> S2 ：In Canada, I want to see aurora. In England, I want to meet Peter Rabbit. And I want to stand on 本初子午線, Meridian Line.

➤ **すらすら英会話** （6分）

①真ん中の線で折って，言えるか確認します。

②折った状態で，隣のペアと会話をします。

➤ **Let's Talk** （8分）【話すこと：発表】

観光大使となったあなたは，その国のよさや楽しみを英語で伝えます。

> ＜モデル英会話＞
> S1 ：Welcome to my booth. This is Australia. In Australia, you can see a big rock. It's Ayers Rock. You can go up to the top. It's very huge.
> S2 ：Now look at this picture. So cute. Koalas. You can see koalas in Australia. You can swim in the very beautiful sea too.
> S3 ：And ... seafood. Very yummy.
> S1 & S2 & S3：Let's go to Australia!

➤ **授業づくりのポイント** 授業には変化が必要です。発表形式を今回はプレゼンをイメージしました。きっと児童は観光パンフレットの写真を切り抜き，観光ポイントを紹介するでしょう。

小学5年

su ra su ra ei kai wa
すらすら英会話 6

どこに行きたい？

▶ Check it out!

友達と会話をしてみましょう。だんだんと見ないで
言えるようになったら，自分のことで答えてみましょう。

□ ① あなたはどこに行きたい？　　　❶ Where do you want to go?

□ ② 私はイタリアに行きたいです。　　❷ I want to go to Italy.

□ ③ イタリアに行きたいの？　　　　　❸ Do you want to go to Italy?

□ ④ はい。　　　　　　　　　　　　　❹ Yes.

□ ⑤ なんで？　　　　　　　　　　　　❺ Why?

□ ⑥ ピザを食べてみたいから。　　　　❻ Because I want to eat pizza.

▶ 全部言えるかな？

言える　　　　　まあまあ　　　　　まだまだ

85

Chapter 5

7

○○はどこにあるの？　"We Can! 1" Unit 7

Where is the station?
— Go straight. Turn right at the second corner.

>＞ **本単元の目標**　「どこにありますか」と尋ねたり，道を案内したりすることができる。

>＞ **Small Talk**　（5分）

Town Map を黒板に貼り，児童に場所を案内してもらいましょう。

HRT：This is Town Map. We are here.

　　　Where is Sakura Park?

　Ss：Go straight for two blocks. Turn right. Go straight and turn left at the second

　　　corner.

　　　Keep going. You can see it on your left.

HRT：Thank you.

　　　Where is the library?

　Ss：Go straight. Turn left at the first corner. Go straight. Turn right at the third corner.

　　　Keep going. You can see it on your right.

>＞ **すらすら英会話**　（6分）

①真ん中の線で折って，言えるか確認します。

②折った状態で，隣のペアと会話をします。

>＞ **Let's Talk**　（8分）【話すこと：やり取り】

道案内をしたら，お互い会話を続けましょう。

＜モデル英会話＞

　S1：Where is the park?

　S2：Go straight for one block. Turn left. Keep going. You can see it on your right.

　S1：Thank you very much.

　S2：You're welcome. Where are you from?

　S1：I'm from Gifu. I'm Takeshi.

　S2：I'm Yasushi. Nice to meet you.

>＞ **授業づくりのポイント**　道案内では，必然的に確認をするために，「繰り返し」の用法を使います。また，道案内を終えた後はせっかくなので友達になるつもりで，フリートーキングを。

86

小学**5**年

su ra su ra ei kai wa
すらすら英会話 ❼

〇〇はどこにあるの？

▶── Check it out!

友達と会話をしてみましょう。だんだんと見ないで
言えるようになったら，自分のことで答えてみましょう。

□ ① 駅はどこにありますか？　　　❶ Where is the station?

□ ② この道を2区画分行きます。　　❷ Go straight for two blocks.

　　　右に曲がります。　　　　　　　Turn right.

　　　その道をまっすぐに行きます。　Go straight.

　　　3つ目の角を左に曲がります。　Turn left at the third corner.

　　　そのまま行きます。　　　　　　Keep going.

□ ③ 右手にありますよ。　　　　　　❸ You can see it on your right.

▶── 全部言えるかな？

　　　　言える　　　　まあまあ　　　まだまだ

87

Chapter 5

8 何を食べますか？ "We Can! 1" Unit 8

What would you like? — I'd like steak.

▶● 本単元の目標 「何を食べますか」と尋ねたり，質問に答えたりすることができる。

▶● Small Talk （5分）

食べ物の絵カードを黒板に貼り，何が食べたいか聞いていきましょう。

HRT：Welcome to Italian Restaurant. What would you like?

S1：I'd like pizza and salad.

HRT：Pizza and salad. What pizza would you like? Mushroom pizza? Vegetable pizza? Margherita?

S1：I'd like vegetable pizza.

HRT：Vegetable pizza. O.K. How about you, Maki? What would you like?

S2：I'd like spaghetti and juice.

HRT：Spaghetti? It's cool. What spaghetti would you like?

S2：I'd like napolitana.

▶● すらすら英会話 （6分）

①真ん中の線で折って，言えるか確認します。

②折った状態で，隣のペアと会話をします。

▶● Let's Talk （8分）【話すこと：やり取り】

料理店を開いて，お客に注文を聞きましょう。

＜モデル英会話＞

S1&S2&S3：Welcome to Indian Restaurant. What would you like?

S4：I'd like curry. I'm hungry.

S1：Indian curry is very yummy. What curry would you like? We have chicken curry, pork curry, seafood curry. What would you like?

S4：I'd like chicken curry. I like spicy.

▶● 授業づくりのポイント インド，イギリス，イタリア，フランス，タイ，韓国，ロシア，ブラジル，日本料理店等，各国の食事を回っていきながら，世界一周するというのはいかがでしょうか。

88

小学5年 すらすら英会話 ❽

何を食べますか？

> **Check it out!**

友達と会話をしてみましょう。だんだんと見ないで
言えるようになったら，自分のことで答えてみましょう。

☐ ① 何を食べますか？　　　　❶ What would you like?

☐ ② きのこピザにします。　　❷ I'd like mushroom pizza.

　　デザートにプリンをください。　　I'd like pudding for dessert.

　　いくらですか。　　　　　　　　How much?

☐ ③ 900円です。　　　　　　❸ 900 yen.

> **全部言えるかな？**

　　　　言える　　　　まあまあ　　　　まだまだ

Chapter 5

9 あなたのヒーローは？ "We Can! 1" Unit 9

Who is your hero?
— My hero is my father. He is good at singing.

>• **本単元の目標** 人のよさを英語で伝えながら，あこがれの人を紹介することができる。

>• **Small Talk** （8分）

児童のあこがれの人と，その理由を尋ねていきましょう。

> HRT：Who is your hero?
>
> S1：My hero is Otani Shohei. He is a good baseball player. He is good at batting. He can run fast too. He is kind to baseball fans. I want to be a person like him.
>
> HRT：Do you play baseball?
>
> S1：Yes, I do.
>
> HRT：What day do you play baseball? Do you play baseball on Sunday?
>
> S1：I play baseball on Thursday and Saturday. Sometimes on Sunday.
>
> HRT：Are you a good baseball player?
>
> S1：Now, I'm not. But I want to be a good baseball player.

>• **すらすら英会話** （6分）

①真ん中の線で折って，言えるか確認します。

②折った状態で，隣のペアと会話をします。

>• **Let's Talk** （8分）【話すこと：発表】

あこがれの人を順番に紹介していきましょう。終わったら何か質問しようね。

> ＜モデル英会話＞
>
> S1：Hello. I'm Takeshi. This is my hero. He is my brother. He can play basketball very well. He is 17 years old. He is very kind to me. He is good at playing the piano too. I like him.
>
> S2：He is tall?
>
> S1：Yes, he is. He is ... このくらい。
>
> S2：Do you play basketball?

>• **授業づくりのポイント** 授業では「ここまで言わせたい」というねらいがあります。今回で言うと，表現上では「人物の性格（kind, hard working, gentle 等）」や「is good at～の表現」です。

90

あなたのヒーローは？

> **Check it out!**

友達と会話をしてみましょう。だんだんと見ないで
言えるようになったら，自分のことで答えてみましょう。

☐ ① あなたのあこがれの人は？	❶ Who is your hero?
☐ ② 姉があこがれです。	❷ My hero is my sister.
彼女はテニスが上手です。	She can play tennis very well.
彼女はとてもおだやかです。	She is very gentle.
彼女は料理も得意なんです。	She is good at cooking too.

> **全部言えるかな？**

言える　　　まあまあ　　　まだまだ

すらすら英会話

小5のまとめ

はじめまして

- ① あなたの名前は何ですか。
- ② 私の名前はマキです。
- ③ よろしくね。
- ④ こちらこそ，よろしく。
- ⑤ 「マキ」はどう書くのですか。
- ⑥ M-a-k-i. マキです。

① What is your name?
② My name is Maki.
③ Nice to meet you.
④ Nice to meet you too.
⑤ How do you spell "Maki"?
⑥ M-a-k-i. Maki.

誕生日

- ⑦ あなたの誕生日はいつですか。
- ⑧ 私の誕生日は7月21日です。
- ⑨ あなたは何才ですか。
- ⑩ 私は11才です。
- ⑪ 誕生日に何が欲しいですか。
- ⑫ 私は新しいくつが欲しいです。

⑦ When is your birthday?
⑧ My birthday is July 21st.
⑨ How old are you?
⑩ I'm 11 years old.
⑪ What do you want for your birthday?
⑫ I want new shoes.

教科

- ⑬ あなたの好きな教科は？
- ⑭ 英語と数学が好きです。
- ⑮ 月曜日は何時間？
- ⑯ 5時間です。
- ⑰ 何の授業があるの？
- ⑱ 体育と音楽です。

⑬ What subjects do you like?
⑭ I like English and math.
⑮ How many classes do you have on Mondays?
⑯ We have 5 classes.
⑰ What classes do you have?
⑱ We have P.E.and music.

あなたの日課

- ⑲ あなたは何時に起きますか。
- ⑳ 私はたいてい6時に起きます。
- ㉑ 家族のために何をしますか。
- ㉒ 私はお風呂を洗います。

⑲ What time do you get up?
⑳ I usually get up at 6:00.
㉑ What do you do for your family?
㉒ I clean the bathtub.

できること

- ㉓ あなたができることは何？
- ㉔ 私は将棋ができます。
- ㉕ 朝早く起きられますか。
- ㉖ はい。／いいえ。

㉓ What can you do?
㉔ I can play *shogi*.
㉕ Can you get up early?
㉖ Yes, I can./ No, I can't.

小5のまとめ すらすら英会話

su ra su ra ei kai wa

どこに行きたい？

- ☐ ㉗ あなたはどこに行きたい？
- ☐ ㉘ 私はイタリアに行きたいです。
- ☐ ㉙ イタリアに行きたいの？
- ☐ ㉚ はい。
- ☐ ㉛ なんで？
- ☐ ㉜ ピザを食べてみたいから。

㉗ Where do you want to go?

㉘ I want to go to Italy.

㉙ Do you want to go to Italy?

㉚ Yes.

㉛ Why?

㉜ Because I want to eat pizza.

道案内

- ☐ ㉝ 駅はどこにありますか？
- ☐ ㉞ この道を2区画分行きます。
- ☐ ㉟ 右に曲がります。
- ☐ ㊱ その道をまっすぐに行きます。
- ☐ ㊲ 3つ目の角を左に曲がります。
- ☐ ㊳ 右手にありますよ。

㉝ Where is the station?

㉞ Go straight for two blocks.

㉟ Turn right.

㊱ Go straight.

㊲ Turn left at the third corner.

㊳ You can see it on your right.

レストランで

- ☐ ㊴ 何を食べますか？
- ☐ ㊵ きのこピザにします。
- ☐ ㊶ デザートにプリンをください。
- ☐ ㊷ いくらですか。
- ☐ ㊸ 900円です。

㊴ What would you like?

㊵ I'd like mushroom pizza.

㊶ I'd like pudding for dessert.

㊷ How much?

㊸ 900 yen.

私のあこがれ

- ☐ ㊹ あなたのあこがれの人は？
- ☐ ㊺ 姉があこがれです。
- ☐ ㊻ 彼女はテニスが上手です。
- ☐ ㊼ 彼女はとてもおだやかです。
- ☐ ㊽ 彼女は料理も得意なんです。

㊹ Who is your hero?

㊺ My hero is my sister.

㊻ She can play tennis very well.

㊼ She is very gentle.

㊽ She is good at cooking too.

93

Chapter 6

小学6年で定着させたい「すらすら英会話」

Chapter 6

1 This is Me! "We Can! 2" Unit 1
My name is Manami. I'm from Japan. I like swimming.

> **本単元の目標** 新しい友達に自分のことを紹介する。

> **Small Talk** （10分）

今までに学んだ多くの表現で，児童にテンポよく質問していきます。

HRT：My name is Hiroto. What's your name?（名前と書いたカードを黒板に貼る）

S1：My name is Yumiko.

HRT：Yumiko. How do you spell "Yumiko"?（つづりと書いたカードを黒板に貼る）

S1：Y-u-m-i-k-o.

HRT：I'm from Saitama. Where are you from?（出身地と書いたカードを黒板に貼る）

S2：I'm from Mitahora Higashi.

HRT：I like natto. What food do you like? （好きな食べ物と書いたカードを黒板に貼る）

S3：I like mushrooms.

HRT：When is your birthday?（誕生日と書いたカードを黒板に貼る）

S4：My birthday is November 6th.　　＊以下，使えそうな話題で続ける。

> **すらすら英会話** （6分）

①真ん中の線で折って，言えるか確認します。

②折った状態で，隣のペアと会話をします。

> **Let's Talk** （10分）【話すこと：発表】

黒板を参考に自己紹介をしてみよう。

＜モデル英会話＞

S1：Hello. My name is Miki. M-i-k-i. Miki. I'm from Kita-machi. I like spaghetti.
　　　I don't like milk. My birthday is July 21st. I am 11 years old. I like English.
　　　I want to go to Canada. I want to see Niagara Falls. Thank you.

S2：Hi. I'm Maiko. M-a-i-k-o. Maiko. I'm from Higashi-cho. My favorite sport is ....

> **授業づくりのポイント** 児童が今までにどんな表現を学んできたのかを振り返るためにも，黒板にキーとなる言葉を貼りながら，それをそのまま自己紹介につなげていきましょう。

This is Me!

● Check it out!

友達と会話をしてみましょう。だんだんと見ないで言えるようになったら、自分のことで答えてみましょう。

☐ ① あなたの名前は何ですか。　　❶ What's your name?

☐ ② 私の名前はマキです。　　❷ My name is Maki.

①私は11才です。	I'm 11 years old.
②誕生日は、5月3日です。	My birthday is May 3rd.
③私は寿司が好きです。	I like sushi.
④私の好きな教科は体育。	My favorite subject is P.E.
⑤私はサッカーをします。	I play soccer.
⑥金魚を1ぴき飼っています。	I have a gold fish.
⑦私は一輪車に乗れます。	I can ride a unicycle.

● 全部言えるかな？

　　　言える　　　まあまあ　　　まだまだ

Chapter 6

2 日本を紹介しよう ▎"We Can! 2" Unit 2

We have this event in July.
You can enjoy watching stars. It's on July 7th.

➤ **本単元の目標** 日本のよさ，地元のよさを英語で伝えることができる。

➤ **Small Talk** （10分）

日本の食べ物や祭り，季節の行事など，日本文化を児童と共有しましょう。

> **HRT**：What's this?（と言って，梅干しの絵を見せる）
>
> **S1**：It's *umeboshi,* plum. It's very sour, but it is healthy.
>
> **HRT**：Do you like it?
>
> **S1**：No. I don't like it. It's too sour.
>
> **HRT**：What's this event?（と言って，地元のイベントの写真を見せる）
>
> **S2**：It's *ukai,* cormorant fishing.
>
> **HRT**：When can we see it?
>
> **S2**：We have this event every night from May 11 to October 15.
>
> **HRT**：Thank you. What's this?（と言って，けん玉を見せる）
>
> **S3**：It's *kendama,* a pin and a ball. We play it.

➤ **すらすら英会話** （6分）

①真ん中の線で折って，言えるか確認します。

②折った状態で，隣のペアと会話をします。

➤ **Let's Talk** （8分）【話すこと：発表】

日本の文化，地元の文化について英語で伝えよう。

> ＜モデル英会話＞
>
> **S1**：Hello. I'm Taku. I live in Japan. This is *Osechi*. We have it on New Year's Day. You can enjoy colorful foods. They are healthy foods.
>
> **S2**：What food do you like?
>
> **S1**：I like *kurikinton*, mashed sweet potatoes and chestnuts. It's sweet. How about you?

➤ **授業づくりのポイント** 外国の文化のみならず，我が国の文化にも関心を高め，理解を深めようとする態度を養うことが学習指導要領で示されています。簡単な語句で紹介活動させましょう。

小学**6**年 **すらすら英会話❷**
su ra su ra ei kai wa

日本を紹介しよう

Check it out!

友達と会話をしてみましょう。だんだんと見ないで
言えるようになったら，自分のことで答えてみましょう。

□ ① このイベントはいつですか？

❶ When do you have this event?

□ ② 5月5日です。

❷ We have it on May 5th.

□ ③ 何をしますか？

❸ What do you do?

□ ④ こいのぼりが楽しめます。

かしわもちを食べます。

❹ We can enjoy *koinobori.*

We eat *kashiwa-mochi.*

全部言えるかな？

言える   まあまあ   まだまだ

Chapter 6

3 動物・野菜・果物の秘密 "We Can! 2" Unit 3
Giraffes sleep only 20 minutes a day.
Tomatoes come from South America.

本単元の目標 ものを紹介する文に慣れ親しみます。

Small Talk （10分）

クイズを出し，動物の習性や野菜，果物の秘密に迫りましょう。

> **HRT**：I have a quiz. What am I? I am an insect. I like sweet. I live under the ground.
> I am black and small. I have 6 legs. I am very hardworking for my queen.
> **Ss**：I know!
> **HRT**：Do you have an idea? What am I ?
> **Ss**：Ant!
> **HRT**：That's right. どこでわかった？
> **S1**：I live under the ground.
> **S2**：My queen.
> **HRT**：O.K. Quiz 2．I come from South America. I am a vegetable. I am red and round....

すらすら英会話 （6分）

①真ん中の線で折って，言えるか確認します。
②折った状態で，隣のペアと会話をします。

Let's Talk （8分）【話すこと：発表】

カードを1枚引きます。そのカードに描いてあるものを英語で説明しましょう。

> ＜モデル英会話＞
> **S1**：＜カバの絵＞ Oh, I am an animal. I live in water. I am big and heavy. I have small ears and a big mouth. I eat animals. Who am I ?
> **S2**：I know. You are a hippo.
> **S1**：That's right.

授業づくりのポイント 授業はインプットとアウトプットの両方をやらなくてはいけません。聞いている時は意味理解なので，細かい言語形式には目がいきませんが，アウトプットしようと思った段階になると言語形式に注意が向きます。そこで言語が習得されていくのです。

動物・野菜・果物の秘密

> **Check it out!**

友達と会話をしてみましょう。だんだんと見ないで
言えるようになったら，自分のことで答えてみましょう。

☐ ①	カバは何を食べるの？	❶	What do hippos eat?
☐ ②	動物を食べるんだよ。	❷	They eat animals.
☐ ③	どこに住んでいるの？	❸	Where do they live?
☐ ④	水の中です。	❹	They live in water.
☐ ⑤	じゃがいもの原産国は？	❺	Where do potatoes come from?
☐ ⑥	南アメリカです。	❻	They come from South America.

> **全部言えるかな？**

言える　　　　まあまあ　　　　まだまだ

Chapter 6

4 私の町！ふるさとを紹介 "We Can! 2" Unit 4

I like my town. We have natures, rivers and mountains.
We have summer festival.

➤• 本単元の目標 住んでいる町について英語で自分の思いや考えを伝えることができる。

➤• Small Talk （10分）

住んでいる町をテーマにスモールトークします。

> HRT：What do you like about your town? Do you like your town?
> S1：Yes, I do. I like festivals.
> HRT：How many festivals do you have?
> S2：We have two big festivals. They are in spring and summer.
> HRT：Which do you like?
> S3：I like spring festival. Because it's beautiful. You can enjoy fireworks too.
> HRT：That is nice. How about you? What do you like about your town?
> S4：I like a big park. I like the roller slider.

➤• すらすら英会話 （6分）

①真ん中の線で折って，言えるか確認します。

②折った状態で，隣のペアと会話をします。

➤• Let's Talk （10分）【話すこと：発表】

あなたの理想の町を発表しましょう。

> ＜モデル英会話＞
> S1：Hello. I live in Ogano town. I like my town. We have beautiful rivers, mountains
> and a large park. We can enjoy fireflies in summer. I like my town but we don't
> have a swimming pool. So I want an indoor swimming pool.
> S2：Nice idea.
> S1：We don't have train stations. So I want a monorail train in my town.
> S3：Cool!!

➤• 授業づくりのポイント 「私の町」の単元では，「田舎のネズミと町のネズミ」（Country mouse
and Town mouse）等の読み聞かせもいいでしょう。

小学6年 すらすら英会話 ❹

su ra su ra ei kai wa

私の町！ふるさとを紹介

Check it out!

友達と会話をしてみましょう。だんだんと見ないで
言えるようになったら，自分のことで答えてみましょう。

□ ① 町のどこが好き？

❶ What do you like about your town?

□ ② きれいな川が好きです。

❷ I like beautiful rivers.

□ ③ 何がありますか。

❸ What do you have in your town?

□ ④ 温泉があります。

❹ We have a hot spring.

□ ⑤ 何がほしい？

❺ What do you want?

□ ⑥ 室内プールかな？

❻ I want an indoor swimming pool.

全部言えるかな？

言える　　　　まあまあ　　　　まだまだ

103

Chapter 6

5

夏休みどうだった？ "We Can! 2" Unit 5
How was your summer vacation?
— It was good. I went to.... I ate.... I saw....

>• **本単元の目標** 過去形を用いて，夏休みのことについて伝え合うことができる。

>• **Small Talk** （10分）

今まで学習してきた内容を児童に再構築しながら，夏休みの出来事で対話します。

HRT：	How was your summer vacation?
S1：	It was good. I went to Niigata. I enjoyed swimming. I saw fireworks. I ate seafood. How about you?
HRT：	I went to England with my daughter. It was fun. I went to Peter Rabbit House. It was nice and cute. I ate fish and chips. That was delicious. Miki, how was your summer?
S2：	I went to my grandfather's house. I enjoyed talking. I saw a long snake. It was ....
HRT：	Scary?
S2：	It was scary. I don't like it.

>• **すらすら英会話** （6分）

①真ん中の線で折って，言えるか確認します。

②折った状態で，隣のペアと会話をします。

>• **Let's Talk** （8分）【話すこと：やり取り】

多くの友達と，夏休みの出来事について対話を続けましょう。

<モデル英会話>

S1： Hello. How was your summer vacation?

S2： It was fun. I went to Kumamoto.

S1： Why?

S2： My grandparents live in Kumamoto. It was really hot. I ate Kumamoto ramen. It was delicious. How was your summer vacation?

>• **授業づくりのポイント** 児童はたくさん言いたいことがあります。野球が好きな子は「野球の試合をした」と言いたいです。そんな時は I played baseball. とフレーズで教えてしまいましょう。

小学 **6**年 *su ra su ra ei kai wa*
すらすら英会話 ❺

夏休みどうだった？

▶ Check it out!

友達と会話をしてみましょう。だんだんと見ないで
言えるようになったら，自分のことで答えてみましょう。

□ ① 夏休みはどうだった？　　　❶ How was your summer vacation?

□ ② 楽しかった。　　　❷ It was fun.

□ ③ 海に行ったんだ。　　　❸ I went to the sea.

□ ④ シーフードを食べた。　　　❹ I ate seafood.

□ ⑤ おいしかった。　　　❺ It was delicious.

□ ⑥ きれいな星を見ました。　　　❻ I saw beautiful stars.

▶ 全部言えるかな？

　　　　言える　　　　まあまあ　　　　まだまだ

105

Chapter 6

6 何がしたい？ "We Can! 2" Unit 6
What do you want to do? ─ I want to play soccer.

>• **本単元の目標** 自分が行きたい国と，そこで何をしたいかを言うことができる。

>• **Small Talk** （2分）

児童たちのやりたいことをテーマに会話しましょう。

HRT：What day is it today?
　Ss：It's Friday.
HRT：Yes. Tomorrow is Saturday. No school. What do you want to do tomorrow?
　S1：I want to play soccer.
　S2：I want to go shopping with my family.
　S3：I want to go to my grandmother's house.
HRT：Great. You want to do many things. Please enjoy and tell me next week.
　　　For me, I want to wash my car. It's very dirty.

>• **すらすら英会話** （6分）

①真ん中の線で折って，言えるか確認します。
②折った状態で，隣のペアと会話をします。

>• **Let's Talk** （8分）【話すこと：やり取り】

昨年，「海外旅行どこに行きたい」ってやったよね。今日は，その時の英語を思い出しながら，Where do you want to go? と聞いて，じゃ，その国で何がしたいか，What do you want to do? と尋ね合ってみましょう。目標は，会話2分間です。

＜モデル英会話＞
　S1：Hello. Where do you want to go?
　S2：I want to go to India.
　S1：What do you want to do?
　S2：I want to eat Indian curry.

>• **授業づくりのポイント** 英語表現は繰り返し使うことで定着が図れます。6年では「話す・聞く」は「～できる」という定着を求めています。既習事項の意図的な繰り返しを計画的に！

106

何がしたい？

> **Check it out!**
> 友達と会話をしてみましょう。だんだんと見ないで
> 言えるようになったら，自分のことで答えてみましょう。

① どこに行きたい？	❶ Where do you want to go?
② エジプトに行きたい。	❷ I want to go to Egypt.
③ エジプトで何したいの？	❸ What do you want to do in Egypt?
④ ピラミッドを見たい。	❹ I want to see Pyramids.
⑤ 今夜何したい？	❺ What do you want to do tonight?
⑥ テレビを見たい。	❻ I want to watch TV.

> **全部言えるかな？**

　　　　言える　　　　まあまあ　　　　まだまだ

Chapter 6

7 私の思い出 "We Can! 2" Unit 7

What is your best memory?
— My best memory is School Trip. It was fun.

>• **本単元の目標** 小学校の思い出を友達と伝え合うことができる。

>• **Small Talk** （8分）

小学校の学校行事をいくつか黒板に貼って見せた後に，思い出を共有していきます。

> **HRT**：What is your best memory?
>
> **S1**：My best memory is my School Trip. We went to Kamakura and Hakone. We saw a big Daibutsu. It was great. I had a good time.
>
> **HRT**：Do you want to go again?
>
> **S1**：Yes. I want to go to Kamakura again.
>
> **HRT**：What is your best memory?
>
> **S2**：My best memory is Sports Day.

>• **すらすら英会話** （6分）

①真ん中の線で折って，言えるか確認します。
②折った状態で，隣のペアと会話をします。

>• **Let's Talk** （8分）【話すこと：やり取り】

4人1組で，My best memory というテーマで友達と対話しましょう。

> ＜モデル英会話＞
>
> **S1**：Hi. Let's talk about our best memory. What is your best memory?
>
> **S2**：My best memory is Sports Day. I enjoyed running. It was exciting.
>
> **S1**：My best memory is the Chorus Contest. I like singing. I had a good time.
>
> **S3**：My best memory is a Swimming Meet. I enjoyed swimming for 100 meters. I won 1st place.
>
> **S2**：That's good. I joined the meet too. I enjoyed swimming too. I won 3rd place. It was fun.

>• **授業づくりのポイント** 小学校英語では，基本的に「話したものを書く」という順序になります。
音声で十分慣れ親しんだ簡単な語句や基本的な表現を読んだり書いたりします。

小学6年 すらすら英会話 ❼

私の思い出

Check it out!

友達と会話をしてみましょう。だんだんと見ないで言えるようになったら，自分のことで答えてみましょう。

□ ① あなたの思い出は？　　　❶ What's your best memory?

□ ② 思い出は修学旅行かな。　　❷ My best memory is my School Trip.

　　楽しかったです。　　　　　It was fun./ I had a good time.

　　お寺を見ました。　　　　　We saw a temple.

　　すき焼きを食べました。　　We ate *sukiyaki*.

　　トランプが楽しかった。　　I enjoyed playing cards.

全部言えるかな？

　　　言える　　　　まあまあ　　　　まだまだ

109

Chapter 6

8 あなたは何になりたい？　　"We Can! 2" Unit 8
What do you want to be?
— I want to be a doctor. I want to help people.

> **本単元の目標**　将来の夢を３文程度で友達に紹介できる。

> **Small Talk**　（5分）

児童に将来なりたい職業とその理由を尋ねていきます。

HRT：Hi, what do you want to be?

　S1：I want to be a firefighter.

HRT：Why?

　S1：I want to help people.

HRT：Good. You need a power body.

　S1：Yes.

HRT：How about you? What do you want to be?

　S2：I want to be a singer. I like singing.

HRT：Are you good at singing?

　S2：Yes, I am.

> **すらすら英会話**　（6分）

①真ん中の線で折って，言えるか確認します。

②折った状態で，隣のペアと会話をします。

> **Let's Talk**　（8分）【話すこと：発表】

グループで将来の夢を語り合いましょう。

＜モデル英会話＞

　S1：Hi, I want to be a teacher. I have younger sister and younger brother. I like children. What do you want to be?

　S2：I want to be a police officer. I want to help people. I practice judo on Saturdays.

　　　How about you, Maki?

> **授業づくりのポイント**　児童たちの中には将来の夢がない児童がいるかもしれません。しかし，できるだけ夢を描かせることはキャリア教育の視点からも大切です。

110

あなたは何になりたい？

> **Check it out!**

友達と会話をしてみましょう。だんだんと見ないで
言えるようになったら，自分のことで答えてみましょう。

☐ ① 何になりたい？ ❶ What do you want to be?

☐ ② 料理人になりたいです。 ❷ I want to be a cook.

☐ ③ なんで？ ❸ Why?

☐ ④ 料理が好きだからです。 ❹ Because I like cooking.

☐ ⑤ 家庭科は好きですか？ ❺ Do you like home economics?

☐ ⑥ はい。大好きです。 ❻ Yes, I do. I love it.

> **全部言えるかな？**

　　　　　言える　　　まあまあ　　　まだまだ

Chapter 6

9 中学校で何したい？　"We Can! 2" Unit 9
What do you want to do in junior high school?

>• **本単元の目標**　中学生活でがんばりたいことを考え，希望につなげる。

>• **Small Talk**　（5分）

中学校でやりたいことを英語で尋ねてみましょう。

HRT：	What club do you want to join at Minami junior high school?
S1：	I want to join the basketball club. I play basketball on Tuesdays, Fridays and Saturdays. I like it.
HRT：	Are you a good basketball player?
S1：	Yes, I am.
HRT：	What event do you want to enjoy?
S2：	I want to enjoy the School Trip. I want to go to Kyoto and Nara. It is fun!
HRT：	Yes. It's very fun.

>• **すらすら英会話**　（6分）

①真ん中の線で折って，言えるか確認します。

②折った状態で，隣のペアと会話をします。

>• **Let's Talk**　（8分）【話すこと：やり取り】

中学校に入学したら，何をがんばりますか？

＜モデル英会話＞	
S1：	What club do you want to join?
S2：	I want to join the volleyball club. I like volleyball. I can play it well. I am good at volleyball. How about you?
S1：	I want to join the music club. I can play the trumpet. I want to enjoy the Music Festival.
S2：	That's nice. I want to enjoy the Sports Day.
S1：	Yes. You can run fast.

>• **授業づくりのポイント**　児童には3文話しましょうと言います。欲張ってもしようがありません。

①中学校でやりたいクラブ　②その理由　③そしてプラスワン　の3文くらいでいいでしょう。

112

中学校で何したい？

> **Check it out!**

友達と会話をしてみましょう。だんだんと見ないで言えるようになったら，自分のことで答えてみましょう。

☐ ① 何部に入る？ ❶ What club do you want to join?

☐ ② 野球部に入りたい。 ❷ I want to join the baseball club.

☐ ③ 何の行事が楽しみ？ ❸ What event do you want to enjoy?

☐ ④ 修学旅行かな。 ❹ I want to enjoy School Trip.

> **全部言えるかな？**

言える　　　まあまあ　　　まだまだ

小6のまとめ すらすら英会話
su ra su ra ei kai wa

はじめまして

- ① あなたの名前は何ですか。
- ② 私の名前はマキです。
- ③ 私は11才です。
- ④ 誕生日は，5月3日です。
- ⑤ 私は寿司が好きです。
- ⑥ 私の好きな教科は体育。
- ⑦ 私はサッカーをします。
- ⑧ 金魚を1ぴき飼っています。
- ⑨ 私は一輪車に乗れます。

1 What's your name?
2 My name is Maki.
3 I'm 11 years old.
4 My birthday is May 3rd.
5 I like sushi.
6 My favorite subject is P.E.
7 I play soccer.
8 I have a gold fish.
9 I can ride a unicycle.

日本・世界の行事

- ⑩ このイベントはいつですか？
- ⑪ 5月5日です。
- ⑫ 何をしますか？
- ⑬ こいのぼりが楽しめます。
- ⑭ かしわもちを食べます。

10 When do you have this event?
11 We have it on May 5th.
12 What do you do?
13 We can enjoy *koinobori*.
14 We eat *kashiwa-mochi*.

動物・果物・野菜

- ⑮ カバは何を食べるの？
- ⑯ 動物を食べるんだよ。
- ⑰ どこに住んでいるの？
- ⑱ 水の中です。
- ⑲ じゃがいもの原産国は？
- ⑳ 南アメリカです。

15 What do hippos eat?
16 They eat animals.
17 Where do they live?
18 They live in water.
19 Where do potatoes come from?
20 They come from South America.

私たちの町

- ㉑ 町のどこが好き？
- ㉒ きれいな川が好きです。
- ㉓ 何がありますか。
- ㉔ 温泉があります。
- ㉕ 何がほしい？
- ㉖ 室内プールかな？

21 What do you like about your town?
22 I like beautiful rivers.
23 What do you have in your town?
24 We have a hot spring.
25 What do you want?
26 I want an indoor swimming pool.

すらすら英会話

小6の まとめ

su ra su ra ei kai wa

夏休みの思い出

- □ ㉗ 夏休みはどうだった？
- □ ㉘ 楽しかった。
- □ ㉙ 海に行ったんだ。
- □ ㉚ シーフードを食べた。
- □ ㉛ おいしかった。
- □ ㉜ きれいな星を見ました。

㉗ How was your summer vacation?
㉘ It was fun.
㉙ I went to the sea.
㉚ I ate seafood.
㉛ It was delicious.
㉜ I saw beautiful stars.

何したい？

- □ ㉝ どこに行きたい？
- □ ㉞ エジプトに行きたい。
- □ ㉟ エジプトで何したいの？
- □ ㊱ ピラミッドを見たい。
- □ ㊲ 今夜何したい？
- □ ㊳ テレビを見たい。

㉝ Where do you want to go?
㉞ I want to go to Egypt.
㉟ What do you want to do in Egypt?
㊱ I want to see Pyramids.
㊲ What do you want to do tonight?
㊳ I want to watch TV.

小学校の思い出

- □ ㊴ あなたの思い出は？
- □ ㊵ 思い出は修学旅行かな。
- □ ㊶ 楽しかったです。
- □ ㊷ お寺を見ました。
- □ ㊸ すき焼きを食べました。
- □ ㊹ トランプが楽しかった。

㊴ What's your best memory?
㊵ My best memory is my School Trip.
㊶ It was fun. / I had a good time.
㊷ We saw a temple.
㊸ We ate *sukiyaki*.
㊹ I enjoyed playing cards.

将来の夢

- □ ㊺ 何になりたい？
- □ ㊻ 料理人になりたいです。
- □ ㊼ なんで？
- □ ㊽ 料理が好きだからです。
- □ ㊾ 家庭科は好きですか？
- □ ㊿ はい。大好きです。

㊺ What do you want to be?
㊻ I want to be a cook.
㊼ Why?
㊽ Because I like cooking.
㊾ Do you like home economics?
㊿ Yes, I do. I love it.

中学校に入学したら

- □ 51 何部に入る？
- □ 52 野球部に入りたい。
- □ 53 何の行事が楽しみ？
- □ 54 修学旅行かな。

51 What club do you want to join?
52 I want to join the baseball club.
53 What event do you want to enjoy?
54 I want to enjoy School Trip.

115

対話を継続するための ひとくち英語 ❶

反応する

- ① 私も。
- ② 本当？
- ③ わかりました。
- ④ もう一度言って！
- ⑤ わからない。
- ⑥ ごめん！
- ⑦ えーと…。
- ⑧ その通り！
- ⑨ ぼくの番です。
- ⑩ いい質問だね。

❶ Me too.
❷ Really?
❸ I see.
❹ Pardon?
❺ I don't know.
❻ Sorry.
❼ Well,...
❽ That's right.
❾ It's my turn.
❿ That's a good question.

くり返す

- ① あなたはなすが好きですか？
  　―なす？　はい。でもなんで？
- ② 私はトマトが好き。
  　―トマトが好きなの？
- ③ 時々，家族の手伝いをします。
  　―時々？
- ④ 沖縄に行ったよ。
  　―沖縄？

❶ Do you like eggplants?
　— Eggplants? Yes. But why?
❷ I like tomatoes.
　— Oh. You like tomatoes?
❸ I sometimes help my family.
　— Sometimes?
❹ I went to Okinawa.
　— Okinawa?

感想を言う

- ① いいね。
- ② 面白そう！
- ③ 素晴らしい。
- ④ わくわくするね。
- ⑤ いい考えだね。

❶ Good. / Cool. / Nice.
❷ That sounds fun.
❸ Great. / Wonderful.
❹ It's exciting!
❺ That's a good idea.

質問する

- ① あなたは？
- ② なんで？
- ③ どうだった？
- ④ 楽しかった？
- ⑤ どういうスペリング？

❶ How about you?
❷ Why?
❸ How was it?
❹ Was it fun?
❺ How do you spell it?

ほめる

- ① すごいね。
- ② やったね。
- ③ いいね。

❶ That's great. / Great!
❷ Good job.
❸ That's good. / That's nice.

対話を継続するための ひとくち英語 ②

反応する

- ① がんばって。
- ② がんばるよ！
- ③ もちろん。
- ④ 終わりました。
- ⑤ たぶん。
- ⑥ いいえ，結構です。
- ⑦ 以上です。
- ⑧ ごめん！
- ⑨ だいじょうぶだよ。
- ⑩ 忘れました。

① Good luck.
② I'll do my best.
③ Sure. / Of course.
④ I'm finished.
⑤ Maybe.
⑥ No, thank you.
⑦ That's all.
⑧ I'm sorry.
⑨ That's O.K. / No problem.
⑩ I forgot.

いらいする

- ① 見せて！
- ② 教えて！
- ③ 静かにして。
- ④ 手伝って。
- ⑤ 私にやらせて。
- ⑥ ちょうだい！
- ⑦ 質問があります。
- ⑧ もっと教えて。
- ⑨ ちょっと待ってください。
- ⑩ ヒントちょうだい。

① Show me, please.
② Please tell me.
③ Be quiet.
④ Please help me.
⑤ Let me try.
⑥ Give me, please.
⑦ I have a question.
⑧ Tell me more.
⑨ Wait a minute. / Just a moment.
⑩ Give me a hint, please.

はげます

- ① 楽しもう。
- ② 君ならできるよ。
- ③ あきらめないで。
- ④ 気にしないで。
- ⑤ 君が正しいよ。

① Have fun.
② You can do it.
③ Never give up.
④ Don't mind.
⑤ You're right.

質問する

- ① だいじょうぶですか？
- ② 何か手伝う？
- ③ どういう意味？

① Are you all right?
② May I help you?
③ What do you mean?

ほめる

- ① いい質問だね。
- ② よくがんばったね。
- ③ 完ぺきだね。

① Good question.
② Nice try.
③ Perfect!

おわりに

　英語の話せる児童を育てたい。きっと，誰もがそう思うことでしょう。逆に言うと，そういう気持ちがなければ，児童に話せる英語は教えられません。まさしく，リンカーン大統領のWhere there's a will, there's a way.（意志あるところに道は開ける）です。今，日本の英語教育は新しい出発点にいます。小学校英語教育が本格的に教科として始まります。私たちの"意思"の持ち方によって英語教育の質は変わるでしょう。共にがんばりましょう。

　さて，大学の授業で学生に「日本で小学校に外国語授業を導入することを議論し始めたのは，何年くらい前のことでしょうか」と質問しました。実は，日本で小学校英語教育の導入を議論し始めたのは昭和61年（1986年），今から32年も前のことです。その間，1996年にタイ，1997年に韓国，2005年に中国で小学校英語が必修となり，アジア諸国の国々が，日本に先立ち小学校での英語教育を開始していきました。日本で小学校英語教育が必修となったのが，平成23年（2011年）の外国語活動です。さらに，教科となるまでに34年間（2020年外国語科）を要することとなったのです。つまり，それだけ日本の小学校英語教育は，慎重に慎重に議論を重ね，導入を考えていった結果なのです。だから，私はこれから始まる小学校英語教育を大切にしたいのです。

　では，そもそもなぜ小学校から英語教育を始めるのでしょうか。次は，『世界と日本の小学校の英語教育—早期外国語教育は必要か』西山教行／大木充編著（明石書店）に記載されていた意見の一部を筆者が抜き出し，便宜上，左側に項目を立てて表にしたものです。

【小学生から英語を学ぶ利点】

音韻意識の習得の適する年代	・児童は，英語特有の発音，リズムを正しく聞き取り，聞こえたとおり模倣するのが得意であり，中学入学後の学習者と比べ，かなり自然な発音が身に付いている。 ・児童は，歌，チャンツ，ライム，クイズ，ゲーム，スキットなど，音声中心の活動を通して，英語を楽しく学習する。 ・年少の学習者は成人の学習者と比べて発音の習得が明らかに優れている。幼児期から思春期にかけての子どもは外国語に短期間に触れるだけで，音韻法則を習得し，発音が母語話者並みになると報告されている。
暗示的知識	・児童は，話し手の身振りや表情を注意深く観察し，理解可能なキーワードから未知の単語や表現の意味を類推し，上手に全体的な意味内容を聞き取ることができる。 ・児童は繰り返し英語を聞き，模倣することを嫌がらず，英語表現を無意識のうちに丸ごと身に付けていくことができる。 ・文法を気にせず話す。

コミュニケーション能力の向上	・児童は学んだ英語を使って，恥ずかしがったり，誤りを恐れたりせず，友だちや教師とのコミュニケーションを積極的に楽しむ。 ・身振りや表情を使って，コミュニケーションを円滑に進めるための工夫を意欲的に行うことができる。
異文化理解	・児童は，外国人の行動様式，風俗，習慣といった日常生活レベルの文化に興味を持って触れ，ALT や外国人に違和感や抵抗感を感じることなく自然に接することができる。
学習態度の柔軟性	・ものおじせず，英語を喋ろうとする。
人間関係の構築	・生活体験から抽出した話題についてのペア活動やグループ活動を通して，児童は，自分の考えを大きな声ではっきり伝えることの大切さを理解し，友だちに対する理解を深め，児童の間に望ましい人間関係が形成される。

　実際，小学校外国語活動を行ってみると，授業を通して友達のことを深く知ることができたり，普段あまり話をしない友達とも話をする機会が増えたりしながら，教室内の人間関係がよくなった（人間関係の構築）という話も聞きます。

　また，中学校教師からは，「英語の授業初日から，英語を話すことを嫌がらず，どんどん話してくる」と，小学校外国語活動が導入される前の生徒と比較し，外国語活動の効果（素地の育成）を実感として語る教師も少なくはありません。

　そしていよいよ，2020年から，小学校5・6年生で，読み書きを含め，コミュニケーション能力の基礎を養うことをねらいとした授業が始まります。この英語教育が大きく転換する過渡期に，今こそ研究実践を重ね，次の学習指導要領の改訂につなげていきたいものです。

　あとがきが長くなりました。実は，あとがきが一番自由に書けるので，その時その時の私の考えや思いを楽しみながら，文字を連ねることができます。

　今年の4月から，岐阜大学教育学部（英語教育講座）で教鞭をとっています。専門は「小学校英語教育」です。まだまだ勉強不足で，日々文献などを読みながら，理論と実践を融合するべく，英語教育を考えています。どこかの学会やセミナーでお会いした際には，気軽に話しかけてください。

　共に，日本の英語教育のために前進していけますようにがんばりましょう！

平成30年9月

瀧沢広人（takizawa@chichibu.ne.jp）

【著者紹介】

瀧沢　広人（たきざわ　ひろと）

　1966年東京都東大和市に生まれる。埼玉大学教育学部卒業後，埼玉県公立中学校，ベトナム日本人学校などに勤務。公立小学校，教育委員会，中学校の教頭職を経て，現在，岐阜大学教育学部准教授として小学校英語教育の研究を行う。

　主な著書は，『小学校英語サポートBOOKS　絶対成功する！外国語活動・外国語5領域の言語活動＆ワークアイデアブック』，『授業をグーンと楽しくする英語教材シリーズ37　授業を100倍面白くする！中学校英文法パズル＆クイズ』，『同29　Can Doで英語力がめきめきアップ！　中学生のためのすらすら英文法』，『同28　入試力をパワーアップする！　中学生のための英語基本単語検定ワーク』，『同27　文法別で入試力をぐんぐん鍛える！　中学生のための英作文ワーク』，『同25　1日5分で英会話の語彙力アップ！　中学生のためのすらすら英単語2000』，『同24　5分間トレーニングで英語力がぐんぐんアップ！　中学生のためのすらすら英会話100』，『同21　授業を100倍楽しくする！　英語学習パズル＆クイズ』，『目指せ！英語授業の達人36　絶対成功する！アクティブ・ラーニングの英文法ワークアイデアブック』，『同34　絶対成功する！アクティブ・ラーニングの授業づくりアイデアブック』，『同30　絶対成功する！英文法指導アイデアブック中学1年』，『同31　絶対成功する！英文法指導アイデアブック中学2年』，『同32　絶対成功する！英文法指導アイデアブック中学3年』，『同22　教科書を200％活用する！　英語内容理解活動＆解読テスト55』，『同21　英語授業のユニバーサルデザイン　つまずきを支援する指導＆教材アイデア50』（いずれも明治図書），他多数。

〔本文イラスト〕木村美穂

小学校英語サポートBOOKS
Small Talkで英語表現が身につく！
小学生のためのすらすら英会話

2018年10月初版第1刷刊　Ⓒ著　者　瀧　沢　広　人
発行者　藤　原　光　政
発行所　明治図書出版株式会社
http://www.meijitosho.co.jp
(企画)木山麻衣子 (校正) (株)東図企画
〒114-0023　東京都北区滝野川7-46-1
振替00160-5-151318　電話03(5907)6702
ご注文窓口　電話03(5907)6668
＊検印省略　　組版所　株式会社ライラック
本書の無断コピーは，著作権・出版権にふれます。ご注意ください。
教材部分は，学校の授業過程での使用に限り，複製することができます。

Printed in Japan　　　　　ISBN978-4-18-259425-0
もれなくクーポンがもらえる！読者アンケートはこちらから→